대한불교 조계종 포교원장과 교육원장을 지내신.
원로의원元老議員 **여산**如山 **암도**岩度 큰스님의 불교의식
개혁을 위한 추천도서

석가모니 부처님
찬탄 기도 수행 성취 문

만성卍成 씀

의식意識의 혁명, 의식儀式의 개혁, 올바로 아는 것이 참다운 지혜요, 해탈의 길이다. 몇 번만 읽어도 부처님 일대기一代記를 훤히 암기할 수 있고, 기도효험도 좋다.

전통을 고수하기 위하여 의식儀式을 고치지 않는다면, 전통을 고수하기 위하여 초가집에 살고 짚신을 신고 바지저고리를 입고 쟁기질하며 농사를 지어야 할 것이 아닌가?

한 진 출 판 사

석가모니부처님
찬탄 기도 수행 성취문

2015년 2월 16일 초판인쇄
2015년 2월 24일 발　　행

저　　자 : 만성卍成
펴낸 이 : 한 해 룡
펴낸 곳 : 한진출판사
등록번호 : 제2-43호(1993. 9. 6)
주　　소 : 대구광역시 북구 노원1가 415번지
전　　화 : (053) 351-3137~8
E-mail : hanjinad@chol.com
저　　자 : 010-2465-1357
E-mail : 8484ee@naver.com

구입문의 : 010-2465-1357
정　　가 : 8,000

추 천 서

의식儀式이 없는 종교宗教는 껍질 없는 나무와 같고 철학[진리]없는 종교는 속없는 땅콩과 같다.

우리 한국불교는 북방계 대승불교大乘佛教의 전통을 따르다 보니 밀교의식密教儀式으로 낡은 형식을 버리지 못하고 있다.

만성卍成 : 김종성 스님은 일찍이 <우주인과 예수>라는 책을 써서 교계에 센세이션을 일으킨바 있다. 1980년대 내가 포교원장 당시 파사군破邪軍이라 별명을 붙여 준 적이 있었다.

일타日陀 큰스님께 계를 받고 미얀마에 가서 여법하게 수행을 해 가지고 알찬 스님이 되었다.

얼마 전 갑자기 찾아와 한국불교를 걱정하면서 의식儀式을 개혁해야 한다고 해서 나는 한참동안 망설이다가 만성스님의 강한 순교자적 의지에 따르기로 했다.

현재 우리가 쓰고 있는 천수경千手經은 안진호 스님이 편찬한 석문의범釋門儀範을 통해 1969년 통도사에서 간행된 행자수지行者受持 가운데 천수심경이 오늘날 50년째 통용되고 있는 것이라 이제 불교의식이 개선改善할 때가 되었다.

지성至誠이면 감천感天이라고 만성卍成스님의 뜻이 불보살佛菩薩님의 가호로 한국불교가 새로워지기를 바란다.

불기佛紀 2559년[2015] 1월 28일
대한불교大韓佛教 조계종曹溪宗 원로의원元老議員
여산 암도如山 岩度 합장合掌 1月 28日 元老議員 如山 岩度合掌

서 문

한국불교의 의식儀式은 100% 관음觀音신앙이었습니다.

왜냐하면 한국불교의 모든 예배의식의 기도 예전禮典이 관세음보살께 귀의하는 <천수경千手經>을 맨 먼저 수지 독송하고 있기 때문입니다. 엄밀히 말하면 **예불의식**禮佛儀式이라고 보기 어렵고, **예보살의식**禮菩薩儀式이라고 보아야 합니다. 보살의식이지 순수 부처님의 의식이라고 보기는 어렵습니다.

늦은 감은 있지만 지금이라도 쉬운 우리말로 예불하고 부처님의 일대기를 쉽고 간결하게 할 필요가 있습니다. 다행히 다음과 같이 큰스님들의 흔쾌한 동조와 추천에 힘입어 부처님 일대기와 원력을 한번만 읽으면 알 수 있게 노력하였습니다. 미비한 점은 앞으로 보안수정하며, 다종교多宗教 사회에서 부처님의 정법이 어떻게 살아나야 할지 깊이 반성하고 통찰하며 고민할 때 입니다.

다행이 큰스님들의 흔쾌한 동조에 감사드립니다.

대한불교 조계종 포교원장과 교육원장을 지내신 원로위원 **여산 암도** 如山 岩度 큰스님의 추천에 힘입어 더욱 부처님의 참된 법이 펼치는데 힘이 되고자 노력하고 있습니다.

대한불교 조계종 애련암 주지 **담원혜경** 큰스님의 적극적 후원으로 다음의 스님들과 교정 감수 검열 실행에 기쁜 마음으로 동참해 주신. 성관스님. 능관스님. 지정스님. 도현스님. 송운법사님. 정호법사님. 믿음을 준 신정휴 거사님, 한청숙[청정화]보살님 등 헤아릴 수 없이 많은 인연 있는 분께 감사드립니다.

불기佛紀 2559년[2015] 2월　　만성卍成 합장

차 례

☀ 불자의 의무 ☀

1. 진정한 불자라면 하루에 한번이라도 예불하는 습관을 가져야 한다.
2. 원찰願刹을 정하여 정기법회에 반드시 참석해야 한다.
3. 경전의 한 구절이라도 읽고 명상하는 습관을 가져야 한다.
4. 원찰願刹에 매월 약정 금액을 정하여 보시로 사찰운영을 돕는다.
5. 세계평화 인류와 가정의 행복을 위하여 널리 포교하여야 한다.
6. 전법과 포교로 모든 공덕을 삼고 보시로 인색한 마음을 다스린다.

일상적인 기도나 법회의식에서 **천수경** 대용으로 **<석가모니 부처님 찬탄 기도 수행 성취문>**을 **염송** 하면 된다. 방법은 **일자 목탁**으로 각자의 음률에 맞추어 천수경을 하듯이 독송하면 된다. 부처님을 찬탄 기도하는 것이기 때문에 염불을 듣거나 함께 따라하면 많은 **공덕**과 **영혼**의 깨달음의 **효험**이 크게 따를 것이다.

☀ 진언이라는 다라니에서 영험이 나오는 것이 아니라 지성至誠과 정성精誠에서 나오는 것이기 때문에 **올바른 정성은** 곧바로 깨달음과 성불의 길로 안내되는 것이다.

☀ 거룩한 부처님 ☀

하늘 중에 하늘이시고, 성인聖人 중에 성인이신
거룩하신 부처님께 귀의합니다.
부처님은 욕계·색계·무색계의 큰 스승이시며,
난생·태생·습생·화생의 자비로운 아버집니다.
화생은 신들과 귀신들, 천신인 하느님도
화생化生이므로, 신들이나 하느님도
부처님자식이며 제도 받을 자 입니다,
만유의 스승이며 만생의 자비로운 아버집니다.
부처님의 은혜는 바닷물을 모두 마시고 우주를
헤아린다 해도 그 공덕을 다 말할 수 없습니다.
부처님의 수명은 한량이 없으시고.
열반 또한 중생 교화를 위한 방편입니다.
하늘 위나 하늘 아래 부처님과 비교할 자 없으니,
부처님의 참된 말씀 듣기만 해도 몸과 마음
편안하여 자비로우니 가정은 행복하고
사회는 안정되어 나라와 세계는 평화롭고
인류와 생명들은 공존하여 화평합니다.
나무 석가모니불, 나무 석가모니불,
나무 시아본사 석가모니불, sadhu! (사두) (3번)

석가모니부처님 예불문

[보례게普禮偈]

저희들이 한몸으로 염하온중에
이몸으로 무량한몸 나타내어서
우주법계 항상계신 부처님전에
지극정성 온몸바쳐 절하옵니다.

거룩한 부처님께 절하옵니다. (절)
거룩한 가르침에 절하옵니다. (절)
거룩한 승가님께 절하옵니다. (절)

법장을 여는 참된 말씀

부처님 말씀은 불변의 진리이며, 확실하고 정확하고 합리적인 진리이며, 쉽게 알아듣고 깨우치는 진리입니다. (3번)

석가모니부처님 찬탄 기도 수행 성취문

중생이 복덕을 짓고 행복하고 안락하며,
지혜로운 길로 인도 되는 쉬운 방법은,
각자 스스로 자신의 몸으로 짓는 행위와

자신의 입으로 짓는 행위와
자신의 뜻으로 짓는 행위의
이 세 가지 업을 맑고 밝게 하는 것이다.

생명은 무상한 실상實相이며 공상空相이니,
행위와 취미가 업보業報가 되어
사람도 되고 축생도 되고
선신도 되고 악마도 되느니라.
부처의 행위를 하면 부처님이요,
사람의 행위를 하면 사람이요,
축생의 행위를 하면 축생이라.

우주의 만법은 행위에 따라 취미가 생기고
취미에 따라 행위가 연속되니 업인業因과
업보業報와 업력業力이 연속되는,
이것이 인과因果의 법칙이며,
업력의 보존법칙이며,
관성의 법칙이며, 만유인력의 법칙이니라.

천당과 지옥은 본래부터 있는 것이 아니며
행위와 취미에 따라 천당 지옥이 생기는 것이니라.
천당, 아수라, 인간, 축생, 아귀, 지옥의 육도는
취미에 따라 생기므로 육취六趣라 하느니라.

천당 가는 것도 취미요,
지옥 가는 것도 취미니라.

오지 말라고 굳게 닫힌 지옥문에 들어가는 것도,
업력에 따른 특별한 취미의 업보이며,
어서 오라고 활짝 열린 천당에 못 들어가는 것도
모두다 업력에 따른 취미의 결과니라.

석가여래가 세상에 나투심은 이러하니라.
석가여래는 오랜 겁 전에 수행을 성취하셨고.
도솔천 내원궁에서 중생들을 제도하기 위하여
방편으로 강림하실 것을 결심하시고,
삼천대천 우주세계에 인연을 살피실 때,
카필라국의 정반왕과 마야왕비의 청정한
행실에 인연이 있음을 아르시고,
입태入胎하여 세상에 강림하시니
이것이 도솔내의상兜率來儀相이니라.

마야왕비가 만삭이 되어, 친정인 콜리성으로
가실 때에 꽃이 만발한 아름다운 룸비니동산에서
태자를 출산하니, 하늘에선 꽃비가 내리고,
천룡들은 물을 대어 목욕을 시키니,
이것이 비람강생상毘藍降生相이니라.

성은 고타마이고 이름은 싣타르타였다.
천상천하유아독존天上天下唯我獨尊이라. 외치니
'오직 존귀한 것은 각자 스스로라'는 뜻이니라.

동문으로 유람 하실 때 출생의 고통을 관찰하시고
남문으로 유람 하실 때 늙음의 고통을 관찰하시고
서문으로 유람 하실 때 병듦의 고통을 관찰하시고
북문으로 유람 하실 때 죽음의 고통을 관찰하시고
수행자의 해탈행에 감탄하여 출가를 결심하시니.
이것이 사문유관상四門遊觀相이니라.

사색의 나날은 깊어지고 인생의 고뇌를 살필 때,
부왕은 태자를 결혼시키니, 부인은 인품과
절세의 미모를 지닌 야소다라 공주이니라.
출가를 결심할 무렵 아들을 낳으니
이름이 라홀라 니라. 라홀라 라는 뜻은
장애이니, 출가에 장애가 될 것이라 생각하시고,
외마디 외침이 그대로 이름이 되었네.
고요한 새벽 마부 찬다카 와 성문을 나서
출가하시니, 이것이 유성출가상踰城出家相이니라.

히말라야의 눈 덮인 설산에 들어가,
온갖 고통을 여의고 수행을 하실 때,

처음엔 박가바 라는 선인을 만나
수행을 고행으로 하는 것을 보고
이것이 아님을 깨달아 길을 떠났고,
다음에 알라라깔라마 를 만나 명상 수행을 하다가,
다음엔 웃다까라마뿟따 를 만나 비비상처 천의
삼매를 공부마치고, 이것도 아님을 깨달아
길을 떠나 홀로 수행을 하시니,
이것이 설산수도상雪山修道相이니라.

온갖 고통과 역경 속에 수행과 삼매는 날로
깊어져, 체력은 한계에 도달하여 기진하셨을 때,
소치는 여인 수자타 가 이를 발견 유미죽으로
기력을 회복시키니, 보리수 밑에 앉아
온갖 유혹을 물리치고, 21일간 깊은
삼매에 들어 정각을 이루어 부처님이 되시니,
이것이 수하항마상樹下降魔相이니라.

수행의 도반이요 최초의 전법자인 교진여 등
5비구를 제도하시고, 장자의 아들 야사 와
그의 친구들 54명과 다른 30명을 제도하시고,
지혜와 신통의 제일인 사리자와 목건련과
그의 동료들 250명을 제도하시고,
불의 신을 모시는 깟사빠 3형제와

그의 제자들 1,000명도 함께 제도하셨으니,
이들은 대아라한이 되었고, 그 외에
수많은 비구들과 비구니들을 제도하시니,
수많은 비구니들도 아라한이 되었네,
45년간 중생교화.
이것이 녹원전법상鹿苑轉法相이니라.

'구시나가라' 사라쌍수 아래에서 열반에 드시니,
대지는 고요로 적막하고 달빛이 찬란함에,
부처님은 오른쪽 옆구리를 땅에 대시고,
고요히 선정에 들려할 때, 아난은 슬피 울고
많은 신들과 하느님들도 슬퍼하였다.
부처님께서 마지막 유훈을 남기시니,
'법을 등불 삼고, 법에 귀의하며,
자신을 등불 삼고, 자신에 의지하라.'
의문이 나면 나의 가르침을 잘 살피라하시고,
멸진정에 드시니, 대지가 진동하고 달빛이 흐리니라.

멀리 외지에서 돌아온 상수제자 깟사빠는,
관속에 계신 부처님을 뵙고자 생각하니,
관에서 두발이 저절로 내보이니,
열반이란 삶도 아니요, 죽음도 아닌 초월된 것.
이것이 위대한 곽시쌍부槨示雙趺이니라.

화광삼매에 드셔 불이 절로 지피니,
사리가 8가마 4말이 나왔으니,
이것이 쌍림열반상雙林涅槃相이니라.

부처님은 욕계·색계·무색계의 큰 스승이시며,
난생·태생·습생·화생의 자비로운 아버지니라,
화생은 신들과 귀신들, 천신인 하느님도
화생이므로, 신들이나 하느님도
부처님 자식이며 제도 받을 자,
만유의 스승이며 만생의 자비로운 아버지이니라.
부처님의 은혜는 바닷물을 모두 마시고 우주를
헤아린다 해도 그 공덕을 다 말할 수 없네.
부처님의 수명은 한량없는 것,
열반 또한 중생 교화를 위한 방편인 것을,
하늘 위나 하늘 아래 부처님과 비교할 자 없으니,
오직 부처님 법 유일하며 깨달음이 유일하네.

나무 석가모니불, 나무 석가모니불,
나무 시아본사 석가모니불, sadhu!(사두) (3번)

온도량이 깨끗하여 티끌없으니
삼보님과 천룡님들 강림하소서
제가이제 참된진리 실천하오니

크신자비 베푸시어 가호하소서
지난동안 제가지은 모든악업은
시작없는 탐진치로 말미암아서
몸과말과 뜻으로— 지었사오니
제가이제 그모두를 참회합니다.

나무석가모니불(3회)

살생한 죄 참회하고 방생합니다. 도적한 죄 참회하고 보시합니다. 사음한 죄 참회하고 정행합니다.	몸으로 짓는 행위
거짓말 죄 참회하고 진실합니다. 잡담한 죄 참회하고 침묵합니다. 이간한 죄 참회하고 화합합니다. 욕설한 죄 참회하고 애어합니다.	입으로 짓는 행위
탐애한 죄 참회하고 소멸합니다. 성질낸 죄 참회하고 자애합니다. 미련한 죄 참회하고 숙고합니다.	뜻으로 짓는 행위

백겁천겁 쌓인죄업 한생각에 없어져서
마른풀을 불태운듯 흔적조차 사라지네.

죄의자성 본래없어 마음따라 일어난것
마음한번 없어지면 죄업또한 사라지네.
죄도업도 없어지고 마음또한 공하여야
이것모두 이름하여 진실한길 참회라네.

심히깊은 마음으로 참회하면서
지극하게 부처님께 귀의하오면
천룡팔부 신장님들 보호하오며
천신들과 하느님도 보호하리니
크고작은 어려운일 사라지리라

부처님께 한맘으로 큰원세우니
모든공덕 성취위해 봉사합니다.
수승한복 장엄위해 효도합니다.
인색한맘 닦기위해 보시합니다.
모든중생 불법믿길 원하옵니다.

삼악도가 없어지길 발원합니다.
탐진치를 속히끊길 실천합니다.
삼보이름 듣기위해 포교합니다.
계정혜를 닦기위해 정진합니다.
부처님법 늘배우려 독경합니다.

보리심에 머물기를 수행합니다.
부처님을 친히뵙길 간청합니다.

열반락을 성취위해 명상합니다.
모든중생 성불하길 축원합니다.
우주평화 실현위해 자비합니다.

네 가지 큰 서원을 폅니다.

부처님 법문을 다 배우오리다.
무명의 번뇌를 다 끊으오리다.
위없는 불도를 다 이루오리다.
가엾은 중생을 다 건지오리다.

마음속의 법문을 배우오리다.
마음속의 번뇌를 끊으오리다.
마음속의 불도를 이루오리다.
미혹한맘 중생을 건지오리다.

발원을 마치고 삼보님께 귀의합니다.

거룩한 부처님께 귀의합니다.
거룩한 가르침에 귀의합니다.
거룩한 승가님께 귀의합니다. sadhu! (사두) (3번)

sadhu! (사두)는 부처님께서 가장 많이 사용한 빠알리 어語로 매우 좋다, 매우 잘한다, 매우 훌륭하다는 뜻으로 '영어의 very good에 해당된다.' 고 함. 주문呪文이 아님.

조석 예불禮佛 예경禮敬의식

☀ <새벽예불> ☀

아금청정수　변위감로다　봉헌삼보전
我今淸淨水　變爲甘露茶　奉獻三寶前

원수애납수(절)　원수애납수(절)　원수자비애납수(절)
願垂哀納受　願垂哀納受　願垂慈悲哀納受

☀ <저녁예불> ☀

계향 정향 혜향 해탈향 해탈지견향
戒香 定香 慧香 解脫香 解脫知見香

광명운데　주변법계　공양시방　무량불법승
光明雲臺　周遍法界　供養十方　無量佛法僧

☀ 헌향진언 ☀
(향을 올리는 참된 말씀. 이치와 원리에 맞게 6바라밀로 지었음)

믿음의 향기. 보시의 향기. 지계의 향기. 인욕의 향기
정진수행의 향기. 선정의 향기, 지혜의 향기.

지심귀명례 삼계도사 사생자부 시아본사 석가모니불
至心歸命禮 三界導師 四生慈父 是我本師 釋迦牟尼佛

지심귀명례 시방삼세 제망찰해 상주일체 불타야중
至心歸命禮 十方三世 帝網刹海 常住一切 佛陀耶衆

지심귀명례 시방삼세 제망찰해 상주일체 달마야중
至心歸命禮 十方三世 帝網刹海 常住一切 達磨耶衆

지심귀명례 시방삼세 제망찰해 상주일체 승가야중
至心歸命禮 十方三世 帝網刹海 常住一切 僧伽耶衆

유원 무진삼보 대자대비 수아정례 명훈가피력
唯願 無盡三寶 大慈大悲 受我頂禮 冥熏加被力

원공법계제중생 자타일시성불도
願共法界諸衆生 自他一時成佛道

☀ <석가모니 부처님 예경문> 독경 ☀

☀ <정근> ☀

나무 삼계도사 사생자부 시아본사 석가모니불
南無 三界導師 四生慈父 是我本師 釋迦牟尼佛--

석가모니불 -- 석가모니불 -- 석가모니불 --

천상천하무여불 시방세계역무비
天上天下無如佛 十方世界亦無比

세간소유아진견 일체무유여불자
世間所有我盡見 一切無有如佛者

☀ <사시마지> ☀

공양시방조어사 연양청정미묘법 삼승사과해탈승
供養十方調御師 演揚淸淨微妙法 三乘四果解脫僧

원수애납수(절) 원수애납수(절) 원수자비애납수(절)
願垂哀納受 願垂哀納受 願垂慈悲哀納受

지심정례공양 삼계도사 사생자부 시아본사 석가모니불
至心頂禮供養 三界導師 四生慈父 是我本師 釋迦牟尼佛

지심정례공양 시방삼세 제망찰해 상주일체 불타야중
至心頂禮供養 十方三世 帝網刹海 常住一切 佛陀耶衆

지심정례공양 시방삼세 제망찰해 상주일체 달마야중
至心頂禮供養 十方三世 帝網刹海 常住一切 達磨耶衆

지심정례공양 시방삼세 제망찰해 상주일체 승가야중
至心頂禮供養 十方三世 帝網刹海 常住一切 僧伽耶衆

유원 무진삼보 대자대비 수차공양 명훈가피력
唯願 無盡三寶 大慈大悲 受此供養 冥熏加被力

원공법계제중생 자타일시성불도
願共法界諸衆生 自他一時成佛道

☀ <석가모니부처님 팔상 예불문> ☀

지심정례공양 삼계도사 사생자부 도솔래의상
시아본사 석가모니불

지심정례공양 삼계도사 사생자부 비람강생상
시아본사 석가모니불

지심정례공양 삼계도사 사생자부 사문유관상
시아본사 석가모니불

지심정례공양 삼계도사 사생자부 유성출가상
시아본사 석가모니불

지심정례공양 삼계도사 사생자부 설산수도상
시아본사 석가모니불

지심정례공양 삼계도사 사생자부 수하항마상
시아본사 석가모니불

지심정례공양 삼계도사 사생자부 녹원전법상
시아본사 석가모니불

지심정례공양 삼계도사 사생자부 쌍림열반상
시아본사 석가모니불
지심정례공양 시방삼세 제망찰해 상주일체 불타야중
지심정례공양 시방삼세 제망찰해 상주일체 달마야중
지심정례공양 시방삼세 제망찰해 상주일체 승가야중
유원 무진삼보 대자대비 수차공양 명훈가피력
원공법계제중생 자타일시성불도

[축원(祝願)]

[스님들은 신도들 축원을 위해 옛 방식대로 해도 무방하다.]

우러러 우주법계에 항상 계시는 부처님 전에 사뢰옵니다. 저희들이 지금까지 닦아온 모든 공덕과 지혜의 가르침을 중생들과 실제에 회향하오니, 대자대비로 증명하사 부처님 법에 의지하여 저희들의 소원을 정성에 따라 이루어지게 하소서.

부처님의 가르침이 세계에 충만하여 세계평화와 인류의 행복이 하루 속히 이루어지고 사회복지가 실현되게 하여지이다.

오늘 ○○사 부처님의 청정한 도량에서 법회에 참석한 모든 불자들이 삼보님 전에 공양 올려 축원하오니, 부처님의 가피력으로 온 가족이 평안하고 사회와 국가와 세계가 평안토록 발원합니다.

저희들은 부처님의 가르침으로 지금까지 행해왔던 모든 죄업을 소멸하는 지혜를 얻었고 삼보를 향한 신심이 견고하여 정성과 수행의 힘으로 여러 가지 어려움이 닥치더라도 좌절하지 않는 힘과 용기를 얻었습니다.

저희들이 간절한 마음으로 또다시 엎드려 축원하오니 부처님의 대자대비로 단명한자 장수케 하시고 빈궁한자 재산을 얻고 병든자 쾌차하며 학업자 총명해지고 각자 생업자 [상황에 따라 응용] 성취하여 지이다.

미혼자 좋은 인연 만나 혼사 성취하고 훌륭한 자손 번창하길 축원하며 집안이 화목하여 날마다 웃음소리 끊이지 않게 노력할 것이며, 건강한 몸과 마음으로 삿된 유혹에 빠지지 않고 부처님의 훌륭한 일꾼이 되기를 간절히 발원합니다.

믿음과 선정과 지혜의 힘으로 부처님 전에 무릎을 꿇고 영가의 천도를 축원하오니, 선망 조상님 부모님을 비롯하여 스승님 형제자매 친척 등의 인연 있는 모든 영가와 한 맺힌 외로운 영혼들이 부처님의 가피력으로 욕계를 벗어나 천상극락에 왕생하여 대 자유와 평화를 누리게 하소서 자신의 믿음의 힘과 정성을 다 바쳐 정진할 것을 부처님께 다짐합니다. 나무석가모니불. 나무석가모니불.
나무시아본사석가모니불.

장님은 색깔을 보지 못하지만 이름은 안다.
어린이는 색깔을 볼 줄 알지만 색깔의 이름은 모른다.
신호등 앞에서 파란불에 건너고 빨강 불에 정지하라는 것을 장님은 알지만 보지 못하니 헛일이요,
어린아이는 색깔이 보이지만 뜻을 모르니 헛일이다.
볼 줄도 알고 뜻도 알아야 한다. 그래서 배워야 한다.
뜻도 모르는 진언 다라니 한문 경전을 그대로 할 것인가?
볼 줄도 알고 뜻을 잘 배워야 한다.

☀ 불경을 읽고 전하라 ☀

부처님께서 열반을 앞두시고 많은 제자들에게 말씀하셨다.
「비구들이여, 내가 간다 해도 반드시 **경과 계율**은 지녀야 할 것이요. 내가 이 세상에 있다하더라도 역시 **경과 계율을** 지녀야만 삼계를 벗어나는 도에 이르러 다시는 나고 죽는 두려움이 없을 것이니라.
불경을 영원토록 전해야 한다. 내가 떠난 후에라도 이 세상의 현명한 사람이라면 경과 계율을 함께 지닐 것이다. 이 세상에서 스스로 마음을 바르게 갖는 사람은 **모든 하늘이** 그 사람을 도와서 **복을 얻게 할** 것이다. **경전을 읽어야 하고, 외워야 하고,** 마음을 단정히 하여 **서로 서로 가르쳐야 할 것이니라」**
불반니 항경 권상:<1-165 중>

☸ 신중단神衆壇 예경禮敬문

☀ <아침예경> ☀

아금청정수 변위감로다 봉헌신중전
我今淸淨水 變爲甘露茶 奉獻神衆前

원수애납수 원수애납수 원수자비애납수(절)
願垂哀納受 願垂哀納受 願垂慈悲哀納受

☀<저녁예경> 헌향진언은 상단의 헌향진언만 똑같이 한다. ☀

지심귀명례 진법계 허공계 화엄회상 상계욕색제천중
至心歸命禮 盡法界 虛空界 華嚴會上 上界欲色諸天衆

지심귀명례 진법계 허공계 화엄회상 중계팔부사왕중
至心歸命禮 盡法界 虛空界 華嚴會上 中界八部四王衆

지심귀명례 진법계 허공계 화엄회상 하계당처일체
至心歸命禮 盡法界 虛空界 華嚴會上 下界當處一切

호법선신중
護法善神衆

원제천룡팔부중 위아옹호불리신
願諸天龍八部衆 爲我擁護不離身

어제난처무제난 여시대원능성취
於諸難處無諸難 如是大願能成就

☀ <사시공양> ☀

이차청정향운공 봉헌옹호성중전 감찰재자건간심
以此淸淨香雲供 奉獻擁護聖衆前 鑑察齋者虔懇心

원수애납수　원수애납수　원수자비애납수(절)
願垂哀納受　願垂哀納受　願垂慈悲哀納受

지심정례공양 진법계 허공계 화엄회상　상계욕색제천중
至心頂禮供養 盡法界 虛空界 華嚴會上　上界欲色諸天衆

지심정례공양 진법계 허공계 화엄회상　중계팔부사왕중
至心頂禮供養 盡法界 虛空界 華嚴會上　中界八部四王衆

지심정례공양 진법계 허공계 화엄회상　하계당처일체
至心頂禮供養 盡法界 虛空界 華嚴會上　下界當處一切

호법선신영기등중　유원신중자비 옹호도량 성취불사
護法善神靈祇等衆　唯願神衆慈悲 擁護道場 成就佛事

☀ 여기부터 조석예경 사시공양 후렴으로 동일하게 한다. ☀

팔부금강호도량　공신속부보천왕
八部金剛護道場　空神速赴報天王

삼계제천함래집　여금불찰보정상
三界諸天含來集　如今佛刹補禎祥

상단上壇 23위

유원신중자비　옹호도량　성취불사
唯願神衆慈悲　擁護道場　成就佛事

금강보검최위웅　일갈능최외도봉
金剛寶劍最威雄　一喝能摧外道峰

변계건곤개실색　수미도탁반공중
遍界乾坤皆失色　須彌倒卓半空中

고아일심　귀명정례
故我一心　歸命頂禮

중단中壇 38위

유원신중자비　옹호도량　성취불사
唯願神衆慈悲　擁護道場　成就佛事

범왕제석사천왕　불법문중서원견
梵王帝釋四天王　佛法門中誓願堅

열위초제천만세　자연신용호금선
列位招提千萬歲　自然神用護金仙

고아일심　귀명정례
故我一心　歸命頂禮

하단下壇 43위

유원신중자비　옹호도량　성취불사
唯願神衆慈悲　擁護道場　成就佛事

옹호성중만허공　도재호광일도중
擁護聖衆滿虛空　都在毫光一道中

신수불어상옹호　봉행경전영유통
信受佛語常擁護　奉行經典永流通

고아일심　귀명정례
故我一心　歸命頂禮　※ 평소에 여기까지 예경할 때 한다. ※

정근 精勤

나무 금강회상 정법옹호　화엄성중-- 화엄성중---
南無 金剛會上 正法擁護　華嚴聖衆　華嚴聖衆

화엄성중혜감명 사주인사일념지
華嚴聖衆慧鑑明 四洲人事一念知

애민중생여적자 시고아금공경례　[축 원=상황에 맞게]
哀愍衆生如赤子 是故我今恭敬禮

☸ 영단靈壇 예경 : 하단下壇

12연기법

무명연행 행연식 식연명색 명색연육입 육입연촉
無明緣行 行緣識 識緣名色 名色緣六入 六入緣觸

촉연수 수연애 애연취 취연유 유연생 생연노사우비고뇌
觸緣受 受緣愛 愛緣取 取緣有 有緣生 生緣老死憂悲苦惱

무명멸즉 행멸 행멸즉 식멸 식멸즉 명색멸 명색멸즉
無明滅卽 行滅 行滅卽 識滅 識滅卽 名色滅 名色滅卽

육입멸 육입멸즉 촉멸 촉멸즉 수멸 수멸즉 애멸
六入滅 六入滅卽 觸滅 觸滅卽 受滅 受滅卽 愛滅

애멸즉 취멸 취멸즉 유멸 유멸즉 생멸 생멸즉
愛滅卽 取滅 取滅卽 有滅 有滅卽 生滅 生滅卽

노사우비고뇌멸 제법종연생 상자적멸상 불자행도이
老死憂悲苦惱滅 諸法從緣生 常者寂滅相 佛子行道已

내세득작불 제행무상 시생멸법 생멸멸이 적멸위락
來世得作佛 諸行無常 是生滅法 生滅滅已 寂滅爲樂

귀의불타계 귀의달마계 귀의승가계
歸依佛陀戒 歸依達磨戒 歸依僧伽戒

☀ <한글 번역> ☀

무명無明을 인연하여, 지어감行이 있고,

지어감을 인연하여 의식識이 있고,

의식을 인연하여 명칭名과 물질色이 있고,

명칭과 물질을 인연하여 육입六入이 있고,

육입을 인연하여 감촉觸이 있고,
감촉을 인연하여 느낌受이 있고,
느낌을 인연하여 애욕愛가 있고,
애욕을 인연하여 취착取함이 있고,
취착함을 인연하여 존재有가 있고,
존재를 인연하여 태어남生이 있고,
태어남을 인연하여 늙고 병들어 죽으며 슬퍼하는
고뇌[老死優悲苦惱]들이 생겨나게 되는 것이다.

무명이 소멸한 즉 지어감이 소멸하고,
지어감이 소멸한 즉 의식이 소멸하고,
의식이 소멸한 즉 명칭과 물질이 소멸하고,
명칭과 물질이 소멸한 즉 육입이 소멸하고,
육입이 소멸한 즉 감촉이 소멸하고,
감촉이 소멸한 즉 느낌이 소멸하고,
느낌이 소멸한 즉 애욕이 소멸하고,
애욕이 소멸한 즉 취착이 소멸하고,
취착이 소멸한 즉 존재가 소멸하고,
존재가 소멸한 즉 태어남이 소멸하고,
태어남이 소멸한 즉 늙고 병들어 죽으며 슬퍼하는
고뇌들이 소멸하게 되는 것이다,
모든 원리는 인연 따라 생기나니. 항상 하는 것은

고요한 적적의 모습이니 불자가 이 도리를 행한다면
다음 세상에 부처되리라.
"모든 것이 무상하여 생겨났다 없어지는 법. 생겨남과
없어짐이 모두 다하면 고요한 적멸이 즐거움이다."
부처님께 귀의하고 가르침에 귀의하고
승가에 귀의합니다.

☸ 일백사위(104위)신중명단.

상단 上壇 23위

봉청 여래화현 원만신통 대예적 금강성자
奉請 如來化現 圓滿神通 大穢跡 金剛聖者 (부처님화현)

봉청 소멸중생 숙재구앙 청제재 금강
奉請 消滅衆生 宿災舊殃 靑除災 金剛 (8금강)

봉청 파제유정 온황제독 벽독 금강
奉請 破除有情 瘟癀諸毒 碧毒 金剛 (8금강)

봉청 주제공덕 소구여의 황수구 금강
奉請 主諸功德 所求如意 黃隨求 金剛 (8금강)

봉청 주제보장 파제열뇌 백정수 금강
奉請 主諸寶藏 破除熱惱 白淨水 金剛 (8금강)

봉청 견불신광 여풍속질 적성화 금강
奉請 見佛身光 如風速疾 赤聲火 金剛 (8금강)

봉청 자안시물 지파재경 정제재 금강
奉請 慈眼示物 智破災境 定除災 金剛 (8금강)

봉청 피견뇌장 개오중생 자현신 금강
奉請 披堅牢藏 開悟衆生 紫賢神 金剛 (8금강)

봉청 응물조생 지아성취 대신력 금강
奉請 應物調生 智芽成就 大神力 金剛 (8금강)

봉청 처어중회 방편 경물권 보살
奉請 處於衆會 方便 警物眷 菩薩 (4보살)

봉청 지달정경 복수 정업색 보살
奉請 智達定境 福修 定業索 菩薩 (4보살)

봉청 수제중생 현신 조복애 보살
奉請 隨諸衆生 現神 調伏愛 菩薩 (4보살)

봉청 청정운음 보경 군미어 보살
奉請 淸淨雲音 普警 群迷語 菩薩 (4보살)

봉청 동방 염만달가 대명왕
奉請 東方 焰曼怛迦 大明王 (10대명왕)

봉청 남방 발라니야 달가 대명왕
奉請 南方 鉢羅抳也 怛迦 大明王 (10대명왕)

봉청 서방 발납마 달가 대명왕
奉請 西方 鉢納摩 怛迦 大明王 (10대명왕)

봉청 북방 미흘라 달가 대명왕
奉請 北方 尾仡羅 怛迦 大明王 (10대명왕)

봉청 동남방 탁지 라야 대명왕
奉請 東南方 托枳 羅惹 大明王 (10대명왕)

봉청 서남방 니라 능라 대명왕
奉請 西南方 尼羅 能拏 大明王 (10대명왕)

봉청 서북방 마가 마라 대명왕
奉請 西北方 摩訶 摩羅 大明王 (10대명왕)

봉청 동북방 아좌라 낭타 대명왕
奉請 東北方 阿左羅 囊他 大明王 (10대명왕)

봉청 하방 박라반 다라 대명왕
奉請 下方 縛羅皤 多羅 大明王 (10대명왕)

봉청 상방 오니쇄작 흘라박리제 대명왕
奉請 上方 塢尼灑作 仡羅縛里帝 大明王 (10대명왕)

유원신중자비 옹호도량 성취불사
唯願神衆慈悲 擁護道場 成就佛事

금강보검최위웅 일갈능최외도봉 변계건곤개실색
金剛寶劍最威雄 一喝能摧外道峰 遍界乾坤皆失色

수미도탁반공중 고아일심 귀명정례
須彌倒卓半空中 故我一心 歸命頂禮

중단 中壇 38위

봉청 사바계주 호령독존 대범천왕
奉請 娑婆界主 號令獨尊 大梵天王 (하느님)

봉청 삼십삼천 지거세주 제석천왕
奉請 三十三天 地居世主 帝釋天王 (하느님)

봉청 북방호세 대야차주 비사문천왕
奉請 北方護世 大藥叉主 毘沙門天王 (하느님)

봉청 동방호세 건달바주 지국천왕
奉請 東方護世 乾闥婆主 持國天王 (하느님)

봉청 남방호세 구반다주 증장천왕
奉請 南方護世 鳩般茶主 增長天王 (하느님)

봉청 서방호세 위대용주 광목천왕
奉請 西方護世 爲大龍主 廣目天王 (하느님)

봉청 백명이생 천광파암 일궁천자
奉請 白明利生 千光破暗 日宮天子 (하느님)

봉청 성주숙왕 청량조야 월궁천자
奉請 星主宿王 淸凉照夜 月宮天子 (하느님)

봉청 친복마원 서위력사 금강밀적
奉請 親伏魔寃 誓爲力士 金剛密跡 (부처님 호위 하느님)

봉청 색계정거 존특지주 마염수라 천왕
奉請 色界頂居 尊特之主 摩醯首羅 天王 (하느님)

봉청 이십팔부 총령귀신 산지대장
奉請 二十八部 總領鬼神 散脂大將 (영계의 참모총장)

봉청 능여총지 대지혜취 대변재 천왕
奉請 能與摠持 大智慧聚 大辯才 天王 (하느님)

봉청 수기소구 령득성취 대공덕 천왕
奉請 隨其所求 令得成就 大功德 天王 (하느님)

봉청 은우사부 외호삼주 위태천신
奉請 殷憂四部 外護三洲 韋駄天神 (하느님)

봉청 증장출생 발명공덕 견뇌지신
奉請 增長出生 發明功德 堅牢地神

봉청 각장수음 인과호엄 보리수신
奉請 覺場垂蔭 因果互嚴 菩提樹神

봉청 생제귀왕 보호남여 귀자모신
奉請 生諸鬼王 保護男女 鬼子母神 (삼신할머니)

봉청 행일월전 구병과난 마리지신
奉請 行日月前 救兵戈難 摩利支神

봉청 비장법보 주집군용 사가라용왕
奉請 秘藏法寶 主集群龍 娑竭羅龍王

봉청 장유음권 위지옥주 염마라왕
奉請 掌幽陰權 爲地獄主 閻魔羅王 (염라대왕)

봉청 중성환공 북극진군 자미대제
奉請 衆星環拱 北極眞君 紫薇大帝

봉청 북두제일 양명탐랑 태 성군
奉請 北斗第一 陽明貪狼 太 星君

봉청 북두제이 음정거문 원 성군
奉請 北斗第二 陰精巨門 元 星君

봉청 북두제삼 진인녹존 정 성군
奉請 北斗第三 眞人祿存 貞 星君

봉청 북두제사 현명문곡 유 성군
奉請 北斗第四 玄冥文曲 紐 星君

봉청 북두제오 단원염정 강 성군
奉請 北斗第五 丹元廉貞 綱 星君

봉청 북두제육 북극무곡 기 성군
奉請 北斗第六 北極武曲 紀 星君

봉청 북두제칠 천관파군 관 성군
奉請 北斗第七 天關破軍 關 星君

봉청 북두제팔 동명외보 성군
奉請 北斗第八 洞明外輔 星君

봉청 북두제구 은광내필 성군
奉請 北斗第九 隱光內弼 星君

봉청 상태 허정 개덕 진군
奉請 上台 虛精 開德 眞君

봉청 중태 육순 사공 진군
奉請 中台 六淳 司空 眞君

봉청 하태 곡생 사록 진군
奉請 下台 曲生 司祿 眞君

봉청 이십팔수 주천열요 제대성군
奉請 二十八宿 周天列曜 諸大星君

봉청 이능장수 은섭일월 아수라왕
奉請 以能將手 隱攝日月 阿修羅王

봉청 청정속질 보혜광명 가루라왕
奉請 淸淨速疾 普慧光明 迦樓羅王

봉청 열의후성 섭복중마 긴나라왕
奉請 悅意喉聲 懾伏衆魔 緊那羅王

봉청 승혜장엄 수미견고 마후라가왕
奉請 勝慧莊嚴 須彌堅固 摩睺羅伽王

유원신중자비 옹호도량 성취불사
唯願神衆慈悲 擁護道場 成就佛事

범왕제석사천왕 불법문중서원견 열위초제천만세
梵王帝釋四天王 佛法門中誓願堅 列位招提千萬歲

자연신용호금선 고아일심 귀명정례
自然神用護金仙 故我一心 歸命頂禮

하단下壇 43위

봉청 이십오위 만사길상 호계대신
奉請 二十五位 萬事吉祥 護戒大神

봉청 일십팔위 내호정법 복덕대신
奉請 一十八位 內護正法 福德大神

봉청 차일주처 보덕정화 토지신
奉請 此一住處 普德淨華 土地神

봉청 장엄도량 수호만행 도량신
奉請 莊嚴道場 守護萬行 道場神

봉청 수호섭지 일체필추 가람신
奉請 守護攝持 一切苾蒭 伽藍神

봉청 보복법계 주변함용 옥택신
奉請 普覆法界 周遍含容 屋宅神

봉청 광대영통 출입무애 문호신
奉請 廣大靈通 出入無碍 門戶神

봉청 적집무변 청정복업 주정신
奉請 積集無邊 淸淨福業 主庭神

봉청 검찰인사 분명선악 주조신
奉請 檢察人事 分明善惡 主竈神

봉청 만덕고승 성개한적 주산신
奉請 萬德高勝 性開閑寂 主山神

봉청 이진탁열 보생환희 주정신
奉請 離塵濯熱 保生歡喜 主井神

봉청 서제부정 보결중생 청측신
奉請 誓提不淨 普潔衆生 圊廁神

봉청 성취묘갱 선전무이 대애신
奉請 成就妙粳 旋轉無已 碓磑神

봉청 운우등윤 발생만물 주수신
奉請 雲雨等潤 發生萬物 主水神

봉청 중묘궁전 광명파암 주화신
奉請 衆妙宮殿 光明破暗 主火神

봉청 견리자재 밀염승일 주금신
奉請 堅利自在 密焰勝日 主金神

봉청 탁간서광 생아발요 주목신
奉請 擢幹舒光 生芽發耀 主木神

봉청 생성주지 심지만덕 주토신
奉請 生成住持 心地萬德 主木神

봉청 보관세업 영단미혹 주방신
奉請 普觀世業 永斷迷惑 主方神

봉청 증고제액 십이류생 주공신
奉請 拯苦濟厄 十二類生 主公神

봉청 운행사주 기진한서 년직방위신
奉請 運行四洲 紀陣寒暑 年直方位神

봉청 파암장물 능냉능열 일월시직신
奉請 破暗藏物 能冷能熱 日月時直神

봉청 광흥공양 치무량불 광야신
奉請 廣興供養 値無量佛 廣野神

봉청 원리진구 구함복덕 주해신
奉請 遠離塵垢 具含福德 主海神

봉청 법하유주 윤익군품 주하신
奉請 法河流注 潤益群品 主河神

봉청 보흥운당 이구향적 주강신
奉請 普興雲幢 離垢香積 主河神

봉청 위광특달 분직열후 도로신
奉請 威光特達 分直列堠 道路神

봉청 엄정여래 소거궁전 주성신
奉請 嚴淨如來 所居宮殿 主城神

봉청 포화여운 묘광형요 초훼신
奉請 布花如雲 妙光逈曜 草卉神

봉청 성취묘향 증장정기 주가신
奉請 成就妙香 增長精氣 主稼神

봉청 표격운당 소행무애 주풍신
奉請 飄擊雲幢 所行無碍 主風神

봉청 수제업보 시리다반 주우신
奉請 隨諸業報 施利多般 主雨神

봉청 어주섭화 행덕항명 주주신
奉請 於晝攝化 行德恒明 主晝神

봉청 도인혜명 영지정로 주야신
奉請 導引慧明 令知正路 主晝神

봉청 무량위의 최상장엄 신중신
奉請 無量威儀 最上莊嚴 身衆神

봉청 친근여래 수축불사 족행신
奉請 親近如來 隨逐不捨 足行神

봉청 장판수요 사명신
奉請 掌判壽夭 司命神

봉청 밀정자량 사록신
奉請 密定資糧 司祿神

봉청 좌종주동 장선신
奉請 左從注童 掌善神

봉청 우축주동 장악신
奉請 右逐注童 掌惡神

봉청 행벌행병 이위대신
奉請 行罰行病 二位大神

봉청 온황고채 이위대신
奉請 瘟瘦痼瘵 二位大神

봉청 이의삼재 오행대신
奉請 瘟瘦痼瘵 五行大神

봉청 음양조화 부지명위 일체호법 선신영기등중
奉請 陰陽造化 不知名位 一切護法 善神靈祇等衆

유원신장자비 옹호도량 성취불사
唯願神將慈悲 擁護道場 成就佛事

옹호성중만허공 도재호광일도중
擁護聖衆滿虛空 都在毫光一道中

신수불어상옹호 봉행경전영유통 고아일심 귀명정례
信受佛語常擁護 奉行經典永流通 故我一心 歸命頂禮

♣ 세속적 중생구제의 차원에서 굳이 기복적 타력 신앙의 차원으로 기도할 필요가 있을 때라면, 즉 안택安宅 사업事業 재수財數 학업學業 질병疾病치유 등의 성취기도는 **신중**神衆기도로 하면 된다.

신중단 상단의 첫 번째가 바로 **여래화현**如來化現**원만신통**圓滿神通 **대**

예적大穢跡**금강성자**金剛聖者로서 곧 부처님의 화현이기 때문이다.

산신기도 용왕기도 관음기도 등등 어떠한 기도에도 천수경 대신 **<석가모니 부처님 찬탄 기도 수행 성취문>**을 맨 먼저 독경하고 그 상황에 따른 정근을 하고 축원하면 된다.

어떠한 기도든 간에 부처님 전에 부처님 기도의 가피를 받으려면 천수경의 <신묘장구대다리니>를 한다는 것은 이치에 맞지 않는다.

정견正見의 반대말은 사견邪見이다. 삿된 견해가 바로 사견邪見이므로 사견을 하는 자는 악도惡道에 떨어질뿐더러 소원하는 일도 성취되지 않는다.

천지지간에 우주에는 무수히 많은 원소와 공기가 보이지 않게 우리와 공존하듯이, 보이지 않는 무수히 많은 신神들로 꽉 차 있으며 우리와 함께 같은 공간에서 공존하므로 신중 기도는 세속적 기복에는 무시할 수 없이 중요한 것이다.

참다운 기도수행은 부처님께 예불하고 공양올리고 보시하고 계율 지키며 선법禪法 수행하는 것이지만, 중생의 삶이란 희로애락이 따르니 중생의 근기에 맞추어 조금이라도 괴로움을 여의는 방법이 무엇인가? 우리의 고뇌를 누가 잘 들어줄까? 바로 부모님인 조상이다.

우리를 가장 많이 사랑하고 돕는 분은 역시 부모님이니 부모님의 부모는 조부요, 그렇게 쭉 올라가면 우리의 조상은 실존實存인 단군檀君님이다. 불교를 못 만나 천도遷度되지 못한 많은 선조先祖들이 죽어서 우리 국토에 안착安着하여 우리 주위를 맴돌고 있다. 그래서 우리 국토인 산신山神 해신海神 수신水神 목신木神 강신江神등이 되어 있으므로 조상기도가 필요한 것이다. 부처님기도와 조상님기도의 조력자助力者가 바로 신중神衆님이다.

천 도 법 요 식

<하느님 용어는 우리나라에서 쓰는 불교의 고유용어이다. 아무리 우리 것이라 해도 쓰지 않으면 없어지고, 남이 쓰면 빼앗기는 것이다.>

<거불>

나무 석가모니불, 나무 석가모니불,
나무 시아본사 석가모니불
나무 극락도사 아미타불
나무 관음세지 양대 보살 하느님
나무 접인망령 대성 인로왕보살 하느님

청혼소 (요령 3下)

금일 ○○시(도) ○○구 ○○동 ○○사 청정한 도량에서 ○○○에 거주하는 행효자 ○○○복위 망 ○○○영가를 맞이하여 부처님의 가피력으로 삼계의 고뇌를 초탈케 하는 공덕을 닦고자 법연을 마련하고 여러 조상 영가의 왕림을 청하옵니다.

부디 잡다한 인연과 얽히고설킨 업력들에 미혹되지 마시고 여법하게 진행하는 법요식의 내용을 경청하시어 연화대에 오르소서.

착어着語

신령스러운 근원은 맑고도 고요하여 고금이 없고 오묘한 본체는 뚜렷이 밝게 빛나 생사가 없습니다.

부처님은 마갈타에서 태산처럼 적연부동하셨고 달마대사는 소림굴에서 묵연히 면벽하셨습니다.

이런 까닭에 니련선하에서 관 밖으로 두 발을 보이셨고, 총령 산마루 도중에서 신 한 짝만 들고 가셨습니다. 이 자리에 동참한 여러 영가와 대중들이시여, 고요히 빛나는 신령스러운 근원을 아시겠습니까?

(양구 요령 3)

고개 들고 수그리는 사이마다 현묘하고 보고 듣는 순간순간마다 분명합니다. 예리한 정신으로 신령스러운 근원을 체득하여 주리고 허기진 고통에서 영원히 해탈하소서.

그렇지 못하시거든 이제 부처님의 가피력을 힘입어 여기 법단에 오셔서 법다운 공양 받으시고 불멸의 진리 깨달으소서.

진령게振鈴偈 (요령3하)

금일 영가시여, 간절히 청하는 요령소리 저승 끝까지 들리리니 원컨대 삼보의 힘을 받들어 오늘 이 자리에 왕림하소서.

풍송가지諷誦加持 (요령3하)

영가시여, 자비의 광명 빛나는 곳마다 연꽃이 피어나고, 지혜의 눈으로 관찰하면 지옥의 자취 사라집니다. 괴로움과 즐거움이란 본래로 한 생각 차이입니다.

3법인과 4성제와 8정도는 부처님이 말씀하신, 불변의 진리이니 3법인과 4성제의 이치를 밝게 깨달으면 모든 고통이 쉬게 될 것입니다.

우리의 육신과 의식을 이루고 있는 다섯 가지 쌓임인 오온五蘊에 대하여 설명할 것이니 지극한 뜻으로 경청하시고 지극한 정성으로 받아 지니소서.

오온이란 물질色과 느낌受과 인식想과 의도적으로 지어가는 행위行와 알음알이인 의식識입니다. 이것을 색色 수受 상想 행行 식識이라합니다.

3법인이란 이루어진 모든 것은 무상無常한 것이며, 무상한 것은 괴로운 것이며, 괴로운 것은 실체가 없는 것으로, '나' 라고 집착할 것이 없는 무아無我입니다.

물질적인 색과 정신작용인 느낌과 인식, 의도적 지어감과 알음알이인 의식도 또한 무상한 것입니다.

무상하기 때문에 괴로운 것이며, 괴로운 것은 실체가 없으므로 '나' 라고 할 것이 없습니다. 나라는 존재 자체를 집착할 것이 없는데, 거기에 무슨 지옥과 악처의 괴로움이 있겠습니까?

그러므로 이것은 괴로움이다. 이것은 괴로움의 발생이다. 이것이 괴로움의 소멸이다. 이것이 괴로움의 소멸로 이끄는 도 닦음이다. 라고 확연히 알아야 합니다. 이것이 무상하고 괴롭고 무아라고 바르게 보아야 하고, 바르게 사유하여야 하고 바르게 말해야 합니다.

물질은 눈으로 보고, 귀로 듣고, 코로 냄새 맞고, 혀로 맛을 보고, 몸으로 접촉하는 느낌과 인식과 지어감의 이치가 모두 무상하고 괴로운 것이니 바른 행위를 하여야 합니다.

바르게 보는 정견으로, 바르게 사유하며, 바른 생계를 유지하며, 바른 노력을 하며, 바른 마음 집중을 하며, 바른 삼매에 듭니다.

모든 것은 무상하고 괴롭고 무아임으로 집착할 것 없이 한 생각이라는 자체를 쉬게 되면 지옥의 고통에서 벗어나 바로 해탈의 세계로 갑니다.

지옥을 파괴하는 진언 (요령3하)

탐욕의 소멸이 지옥을 파괴하고, 성냄의 소멸이 지옥을 파고하고, 어리석음의 소멸이 지옥을 파괴합니다.

원한과 원결을 푸는 진언 (요령3하)

베푸는 마음이 원결을 풀고, 양보하는 마음이 원결을

풀고. 자애하는 마음이 원결을 풀고, 측은한 마음이 원결을 풉니다.

널리 청하는 진언 (요령3하)

우주에 충만하고 아니 계신 곳 없으시는 거룩한 부처님과 여러 아라한님과 보살하느님과 여러 신중神衆님들이시여. 청하옵나니, 강림하옵소서.

나무 상주 시방불

나무 상주 시방법

나무 상주 시방승

나무 문수보살 하느님, 나무 보현보살 하느님.

나무 관음보살 하느님, 나무 대세지보살 하느님,

증명청證明請 (요령3하)

지심 귀의하옵고 일심으로 청하오니 영혼을 극락세계에 인도하시고 영가를 연화대로 향하게 하시는 대성 인로왕보살하느님이시여, 지혜와 복덕 닦아 선신들을 환희케 하고 염불 독경하여 업장 소멸한 자를 극락세계로 안내하시는 대성 인로왕보살하느님이시여, 원컨대 저희들의 간절한 바램 저버리지 마시고 이 도량에 오시어 지금까지 닦아온 공덕 헛되지 않음을 증명하소서.

자리를 펼치는 진언 (요령3하)

묘한 지혜의 자리 장엄하시어
모든 부처님 앉아 정각을 이루셨네.
내 지금 이 자리를 봉헌함도 이와 같으니
우리 모두 다 같이 불도를 이루어지이다.
바르게 보고, 바르게 사유하고.
바르게 집중하고. 바르게 삼매에 듭니다.
나무석가모니불, 나무석가모니불,
나무시아본사 석가모니불

금장감로다 봉헌삼보전 감찰건감심
원수애납수 원수애납수 원수자비애납수

고혼청孤魂請 (요령3하)

금일 영가시여, 실상은 형상이 여의었고 법신은 자취가 없것만, 거울 속에 영상처럼 인연 따라 나타났다 사라지고 우물 속에 두레박처럼 업력 따라 천당지옥에 오고갑니다.

영가시여, 본래면목의 미묘한 변화 측량할 수 없는데 오늘 법단에 오시는 일에 무슨 어려움이 있겠습니까?

○○○에 거주하는 행효자 ○○○복위 망 ○○○영가와 과거 현재 미래에 인연 맺은 유주무주의 영가시여,

부처님의 위광 따라 오늘 법석에 오시어 법다운 공양 받으소서.

향연청香烟請 (3번) 바라제 (목탁)

삼혼은 아득히 어디로 가셨으며
칠백은 망망히 먼 곳으로 떠나셨네.
오늘 요령 울려 두루 청하오니
천도의 대 도량으로 모두 오소서.

헌좌소 獻座疏 (요령3하)

오늘 법석에 동참하신 여러 영가시여, 부처님께서 섭수하시고 법의 가피 받으셨으니 자유로운 마음으로 편안히 앉으소서.

안좌게安座偈 (요령3하)

금일 영가시여, 교법 따라 연화대 마련하고 여러 가지 진수를 차렸습니다. 노소모두 순서대로 앉으시어, 한 마음 한 뜻으로 부처님 말씀 경청하소서.

〈다게茶偈**〉** 목탁. 바라제

백초임중일미신百草林中一味新
조주상권기천인趙州常勸幾千人
팽장석정강심수烹漿石鼎江心水

원사망령헐고륜願使亡靈歇苦輪
원사고혼헐고륜願使孤魂歇苦輪
원사제령헐고륜願使諸靈歇苦輪

헌식獻食 (요령3하)

오늘 법석에 오신 모든 영가시여, 부처님의 법식 따라 삼보께 예배드렸습니다. 기쁘고 편안한 마음으로 연화대에 앉으시어 자제분들이 정성으로 차린 공양 받으소서.

영가시여 향은 자신을 태워 세상의 악취를 소멸합니다. 법의 향기 가득한 향공양 받으시고 전생과 금생에 헤아릴 수 없이 살생하고 미워하는 등의 모든 악업을 소멸하소서.

촛불은 자신을 태워 세상의 어둠을 밝힙니다. 법의 광명 빛나는 촛불 공양 받으시고 부질없는 허영심과 탐욕의 어두운 마음 밝히소서.

맑은 차는 자신을 바쳐 중생의 갈증을 풀어 줍니다. 법의 진미 흘러넘치는 차 공양 받으시고 덧없는 애욕의 갈증을 푸소서.

꽃과 과일은 자신을 바쳐 세상에 아름다움과 기쁨을 줍니다. 법의 환희 가득한 꽃과 과일 공양을 받으시고 이기심에 찌든 편협한 마음 넉넉하게 하시며 세계를 포용하는 넓고 큰 서원으로 깨달음을 얻으소서.

법다운 공양 받으신 금일의 영가시여, 생사윤회의 고통에서 하루 빨리 해탈하소서.

법다운 공양 받으신 이 자리의 영가시여, 생사윤회의 고통에서 하루 빨리 해탈하소서.

법다운 공양 받으신 무주고혼시여, 생사윤회의 고통에서 하루 빨리 해탈하소서.

이제 불변하는 참다운 진리를 외우면 몸과 마음 편안해지고 업력의 불길 청량하리니, 한 마음 한 뜻으로 합장하여 제 각기 해탈의 세계를 구하소서.

<다 함께> 목탁 요령

영가시여 저희들이 일심으로 염불하니
무명업장 소멸하고 무상지혜 드러내어
생사고해 벗어나서 해탈열반 성취하사
무생법인 깨달아서 극락왕생 하옵소서

사대육신 허망하여 결국에는 흩어지니
이육신에 집착말고 참된도리 깨달으면
모든고통 벗어나고 부처님을 친견하리
살아생전 애착하던 사대육신 무엇인가
한순간에 숨거두면 주인없는 목석일세

인연따라 모인것은 인연따라 헤어지니
태어남도 인연이요 돌아감도 인연인걸
그무엇을 애착하고 그무엇을 슬퍼하랴
몸뚱이를 가진자는 그림자가 따르듯이

일생동안 살다보면 죄없다고 말못하리
죄의실체 본래없어 마음따라 생겨나서
마음씀이 없어질때 죄업역시 사라지네
죄란생각 없어지고 마음또한 텅비어서
무념처에 도달하면 참회했다 말하리라

한마음이 청정하면 온세계가 청정하니
모든업장 참회하여 청정으로 돌아가면
영가님이 가시는길 광명으로 가득하리
가시는길 천리만리 극락정토 어디인가

번뇌망상 없어진곳 그자리가 극락이니
삼독심을 버리고서 부처님께 귀의하면
무명업장 벗어나서 극락세계 왕생하리.
태어났다 죽는것은 모든생명 이치이니

임금으로 태어나서 온천하를 호령해도
결국에는 죽는것은 자연계의 이치니라

태어났다 죽는것은 모든생명 법칙이니
이곳에서 가시면은 저세상에 태어나리

일가친척 많이있고 부귀영화 높았어도
죽는길엔 누구하나 힘이되지 못하는것
맺고쌓은 모든감정 저승길에 짐되오니
미웠던일 용서하고 탐욕심을 버려야만
청정하신 마음으로 불국정토 가시리라

삿된마음 멀리하고 미혹함을 벗어나야
무상지혜 이루시고 왕생극락 하오리다.
육친으로 맺은정을 가벼웁게 거두시고
청정해진 업식으로 극락왕생 하옵소서

지은죄는 남김없이 부처님께 참회하고
한순간도 잊지않고 부처님을 생각하면
가고오는 곳곳마다 그대로가 극락이니

첩첩쌓인 푸른산은 부처님의 도량이요
맑은하늘 흰구름은 부처님의 발자취며
뭇생명의 노래소리 부처님의 설법이고
대자연의 고요함은 부처님의 마음이니

불심으로 바라보면 온세상이 불국토요
범부들의 마음에는 불국토가 사바로다
애착하던 사바일생 하루밤의 꿈과같고
나다너다 모든분별 본래부터 공이거니

업력따라 오셨다가 업력따라 가시거늘
일심으로 독송하는 염불따라 왕생하리
염불하는 공덕으로 지옥세계 무너지고
공한이치 깨달으면 맺은원결 풀어지며
천당극락 임의자재 마음대로 오고가네.

나무석가모니불. 나무석가모니불
나무 시아본사 석가모니불.

무상계 (요령3하)

내 이제 영가와 인연이 깊어 무상계 묘법문을 읽어 드리니 일심으로 마음 비워 받을 지어다. 무상계는 열반 얻는 긴한 문이며 고통바다 건네는 든든한 배라.

부처님도 이 계로서 열반에 드셨고
중생들은 고통바다 건네느니라.

그대 이제 몸과 마음 놓아버리고 신령한 심식이 말끔히 밝아 위없는 청정계를 이제 받으니, 이런 다행 또다시 어디 있으랴.

금일영가 지성으로 살필 지어다, 겁의 불길 활활활 불타오르고, 대천세계 모두가 무너진다면, 수미산도 무너지고 바다도 말라, 자취조차 없거늘 어찌 하물며,

그대 몸이 나고 늙고 죽는 일이며, 근심하고 슬퍼하고 아파하거나, 그대 뜻에 맞거나 어기는 일들 이와 같은 온갖 것이 어찌 있으랴.

영가여, 다시 깊이 살필지어다. 뼈와 살과 빛깔은 흙으로 돌아가고, 피와 침과 물기는 물로 다가고, 따뜻한 몸 기운은 불로 다가며, 움직이는 힘이란 바람으로가 사대가 제각기 흩어졌으니. 영가 몸이 어느 곳에 있다 하리오.

사대로 이루어진 그대의 몸은 실로는 거짓이요,

허망함이니 애석하게 여길 바 못되느니라.

그대는 옛적부터 오늘날까지, 무명으로 인하여 지어감이 있었고, 지어감으로 인연하여 의식이 있었고, 의식으로 인연하여 명색名色이 있었고 명색으로 인연하여

육입六入이 있었고 육입으로 인연하여 접촉이 있었고 접촉으로 인연하여 느낌이 있었고, 느낌으로 인연하여 갈애가 있었고, 갈애로 인연하여 취착이 있었고, 취착으로 인연하여 존재가 있었고, 존재로 인연하여 태어남이 있으며, 태어남으로 인연하여 늙고 병들고 근심과 슬픔

죽음이 있게 됐느니라.

그렇다면 이 도리를 돌이켜 볼 때, 무명이 없어진 즉 지어감이 없어지고, 지어감이 없어진 즉 의식이 없어지고, 의식이 없어진 즉 명색이 없어지고, 명색이 없어진 즉 육입六入이 없어지며,

육입이 없어진 즉 접촉이 없어지고, 접촉이 없어진 즉 느낌이 없어지며, 느낌이 없어진 즉 갈애가 없어지며, 갈애가 없어진 즉 취착이 없어지고, 취착이 없어진 즉 존재가 없어지고, 존재가 없어진 즉 태어남이 없어지고, 태어남이 없어진 즉 근심과 슬픔이 없어지고 늙음이나 죽음이 없게 되느니라.

모든 법은 본래로 돌아가면서 어느 때나 스스로 적멸상이니 불자가 진실한 길 모두 행하면 오는 세상 기어이 성불하리라. 이 세상의 모든 것은 무상하나니 적멸의 즐거움이 드러나느니.

위없는 부처님께 귀의하오리.

위없는 가르침에 귀의하오리.

거룩한 승가님께 귀의하오리.

나무 과거 보승여래 응공 정변지 명행족 선서 세간해 무상사 조어장부 천인사 불 · 세존.

○ ○ ○ 영가

오온의 빈 주머니 시원히 벗고 신령한 심식이 홀로

드러나 위없는 청정계를 받아 지니니 이 어찌 유쾌하지 아니하리오.

천당이나 불국토를 뜻대로 가니 이 어찌 쾌활하고 기쁘지 않으리 묘체가 맑고 밝아 처소 없으니 산과 물과 온 천지 진리 나투니. 부처님과 아라한 보살하느님의 찬란한 빛을 두려워 말고 따라 가소서.

<다함께> 목탁 요령

극락세계십종장엄極樂世界十種莊嚴 : 나무아미타불.
법장서원수인장엄나무아미타불. 사십팔원원력장엄나무아미타불.
미타명호수광장엄나무아미타불. 삼대사관보상장엄나무아미타불.
미타국토안락장엄나무아미타불. 보하청정덕수장엄나무아미타불.
보전여의누각장엄나무아미타불. 주야장엄시분장엄나무아미타불.
이십사락정토장엄나무아미타불. 삼십종익공덕장엄나무아미타불.

석가여래 팔상성도釋迦如來八相成道 나무아미타불.

도솔래의상 나무아미타불. 비람강생상 나무아미타불.
사문유관상 나무아미타불. 유성출가상 나무아미타불.
설산수도상 나무아미타불. 수하항마상 나무아미타불.
녹원전법상 나무아미타불. 쌍림열반상 나무아미타불.

청산첩첩미타굴. 나무아미타불. 창해망망적멸궁. 나무아미타불.

물물염래무가애. 나무아미타불. 기간송정학두홍. 나무아미타불.
극락당전만월용. 나무아미타불. 옥호금색조허공. 나무아미타불.
약인일념칭명호. 나무아미타불. 경각원성무량공. 나무아미타불.

아미타불재하방. 나무아미타불. 착득심두절망망. 나무아미타불.
염도염궁무념처. 나무아미타불. 육문상방자금광. 나무아미타불.
삼계유여급정륜. 나무아미타불. 백천만겁역미진. 나무아미타불.
차신불향금생도. 나무아미타불. 갱대하생도차신. 나무아미타불.

천상천하무여불. 나무아미타불. 시방세계역무비. 나무아미타불.
세간소유아진견. 나무아미타불. 일체무유여불자. 나무아미타불.
찰진신념가수지. 나무아미타불. 대해중수가음진. 나무아미타불.
허공가량풍가계. 나무아미타불. 무능진설불공덕. 나무아미타불.

원공법계제중생. 나무아미타불. 동입미타대원해. 나무아미타불.
진미래제도중생. 나무아미타불. 자타일시성불도. 나무아미타불.

나무서방정토. 극락세계 삼십육만억 일십일만 구천오백 동명동호 대자대비 아미타불.
나무서방정토 극락세계 불신장광 상호무변 금색광명 변조법계 사십팔원 도탈중생 불가설 불가설전 불가설 항하사 불찰미진수 도마죽위 무한극수 삼백육십만억 일십일만 구천오백 동명동호 대자대비 아등도사 금색여래 아미타불.

원공법계제중생 동입미타대원해 시방삼세불 아미타
제일구품도중생 위덕무궁극 아금대귀의 참회삼업제
범유제복선 지심용회향 원동념불인 진생극락국
견불요생사 여불도일체 원아임욕명종시 진제일체제장애
면견피불아미타 즉득왕생안락찰 원이차공덕 보급어일체
아등여중생 당생극락국 동견무량수 개공성불도.

☸ 진정한 천도의 의미 ☸

한국불교는 천도제사에 의해 겨우겨우 절을 위태롭게 하루하루의 명맥을 이어가고 있다고 보아도 지나친 말은 아니다. 천도의 의식은 뜻을 모르는 한문이나 주술呪術인 진언眞言으로 하는 것보다는 읽는 본인이나 영가가 알아들을 수 있는 쉬운 말로 하는 것이 좋다.

돌아가신 조상님이나 부모님께 효도하고 일가친척 지인들을 천당이나 극락으로 안내하는 방법이다. 부처님의 바른 법과 대자연의 바른 이치를 쉽고 간결하게 망자들에게 말과 음성으로 생각을 전하는 음성전音聲傳 생각을 뜻으로 전하는 의전意傳을 삼매를 통하여 망자의 영식靈識 : 영혼靈魂으로 하여금 부처님의 광명을 보고, 영식靈識 : 영혼靈魂이 맑고 밝게 스스로 깨달아 왕생하게 하는 것이다.

불교의 우수한 교리를 놓고 포교가 안 되는 이유는 무엇일까?

뜻도 모르고 알아듣지 못하는 진언이라는 다라니 한문 등으로 불교가 아닌 것을 불교라고 가르치기 때문에 불교를 어렵다고 본다.

참으로 정말 신기한 일이 있다. 출가수행과 공부 40년에 주지도 몇 번하고 책을 많이 읽었다는 필자가 잘 아는 어느 스님은 진언에 대하여 질문하면 뜻도 모르면서, 글의 이치도 모르면서 너무 심오深奧해서 깨달아야 안다고 한다. 또는 불보살님이나 아는 것이라고 한다. 이 스님은 참회 발원 운운하며, 기독교인의 맹신보다 더한 자기의 훈습의 에고를 버리지 못하고 있다.

모르면서 가르치는 것을 본인이나 배우는 사람이나 모르는 것을 심오深奧하다고하며, 그 엉터리 심오深奧속에서 빠져 헤어 나오지 못하고 있다. 모르는 것은 심오深奧하고 신비롭게 알며 별의별 해석을 한다는 그 자체가 정말로 너무 심오深奧한 것이 아니겠나? 모르는 것을 심오深奧라고 좋아하는 중생들의 어리석음이 정말 모르는 심오深奧를 좋아하는 이상한 심리가 중생들의 무지無智이다.

쉽고 간결하고 합리적이고 정확하게 가르치면 너무 싱겁고 가볍게 보고 신비감이 없다는 이상한 생각! 이것이야 말로 꼴통이 아닌가?

부처님은 사람에 따라 쉽고 간결하게 가르치고 계셨다.

기독교 천주교의 천국은 한 개. 지옥도 한 개로 한번 들어가면 영원히 그곳에 산다고 하므로 제사나 천도제가 필요 없는 것이다. 양단간에 한번 가면 이미 그것으로 끝이니까!

그러나 불교는 천당도 많고 지옥도 많고 중생도 많아 업력에 따라 윤회하므로 천도도 필요하고 제사도 필요한 것이다.

☸ 보지 못하고 알지 못하면서 남을 속이지 말라.

알지 못하면서 남을 가르친다는 것은 큰 죄가 된다. 길을 모르면서 길을 가르쳐 주는 것과 똑같다. 지식도 지혜도 없는 사람이 '글과 지식은 쓰레기와 같다.' 고 하는 멍텅구리가 되어서는 안 된다. 글과 지식은 지혜의 바탕이 되고, 지혜가 있어도 지식이 없으면 사물의 판정과 설명이 어렵다.

자신도 모르며 남을 가르치는 것은 자기가 자기 자신을 속이는 줄 모르고 속이는 것과 같은 일이다. 이것이야말로 가장 큰 속임이며 큰 죄가 되는 것이다.

❆ 영가천도에 지장보살이 최고라고 하는 분께 질문한다.

여래如來 **삼불능**三不能**이란,** <부처님도 못하는 세 가지가 있다.>

첫째, 불능면정업不能免定業 : 결정된 업은 면하게 할 수 없다. 결정된 업은 과보果報를 받는 것이 면하는 것이다. 죄 지은 자가 죄를 받지 않게는 할 수 없다. 경중輕重을 다르게 할 뿐이다.

둘째, 불능면무연不能免無緣 : 인연이 없는 중생은 제도할 수 없다. 과거의 사람이나 미래의 사람은 만나기 어려운 인연이다. 또한 현재의 사람도 사는 지역이 다르면 만나기 어렵다.

셋째, 불능진생계不能盡生界 : 중생을 일시에 모두 제도할 수 없다. 부처님의 신통이 무궁무진하지만 업력業力따라 다니는 중생을 업력을 일시에 제거하고 제도 할 수 없는 것이다. 어린 아이를 한 번에 어른이 되게 할 수 있겠는가?

> 부처님의 말씀인데! 지장보살이 무엇을 어떻게 하겠다는 것인가? 어떻게 지장보살을 부르면 지옥중생을 모두 건지고 죄를 한 번에 소멸시키겠다는 것인가?

필자의 진정한 스승은 옛 고승이나 현재의 큰 스님들이 아니었다. 바로 내가 가르쳤던 제자들이 기氣로서 지혜智를 여는開, 기지개氣智開 수련법으로 기맥氣脈 : 차크라)이 열려 영계는 물론 부처님과 보살님 즉 보살하느님들의 찬란한 광명과 온갖 신들을 보며 그 경계를 나에게 말해 주무로서 나는 경전공부와 이치를 알았다. 진정한 스승은 나의 제자들이었다.

필자가 고등학교 교사로 있을 때, 불교의 불佛자字도 모르는 학생들을 수련시켜 관법觀法을 가르쳤다. 관법觀法을 통하여 인체투시人體透視는 물론 부처님의 광명과 신장님들의 광명을 보고 유체이탈遺體離脫을 자유롭게 하는 학생도 있고, 깊은 삼매로 부처님의 모공毛孔에서 천백억화신千百億化身하는 것을 보는 학생도 있었다. 영가를 보는 정도는 정말로 별무신통한 일이었다.

영가를 본다고 다 똑같이 보는 것은 아니다. 같은 운동이라도 선수들의 특기에 차이가 있듯이 관법觀法에도 개인에 따라 특기가 다르다. 인체투시를 잘하는 사람, 영가를 잘 보는 사람, 신장님을 잘 보는 사람 등 공부의 수준에 따라 다르다. 책으로 세세히 쓴다면 몇 권은 족히 쓸 수 있을 것이다.

필자는 천도제사를 지낼 때 혼자 지내는 법이 없었다. 반드시 관觀을 하는 사람을 옆에 2~3명은 꼭 앉히고 했다. 한 예만 들겠다. 그때 교통사고로 죽은 청년을 천도하는데, 관觀을 하는 학생 5명을 옆에 앉히고 했다. 나는 반드시 확인을 했다. 관을 제대로 했는지, 엉터리로 했는지, 신들려 하는지 알아내는 이치의 힘이 나에게는 있었다.

제사를 끝내고 그 자리에서 관觀을 한 것은 이야기하게끔 하며 서로가 본 것을 비교한다. 그런데 관을 제일 못하는 학생인 승조가[영가를 보는 정도의 수준] 나에게 머리를 긁으며 부끄러운 듯 야단맞을까 겁을 먹고 말하는 것이다. '선생님 그 귀신 뒤통수가 푹 꺼져 없어요.' 하는 것이다.

나는 야단 칠 수도 없이 공개적인 이야기이기 때문에 제주祭主에게 물어보았다. 이 학생이 아드님이 뒷머리가 없다는데 그게 무슨 이야기입니까? 하고 물으니, 제주는 깜짝 놀라며 교통사고 때 전신주에 뒷머리가 충돌하여 뒷머리가 날아가 함몰 되었다는 것이다.

관觀을 잘하는 학생들에게 너희들은 무엇을 보았느냐고 야단치니, 그 학생들은 보는 경계가 달라요, 우리는 부처님과 보살님 신장님들의 광명으로 황홀하여 무수히 많은 영가들을 연결하여 천도하기 때문에 그런 사소한 것은 아예 보질 않는다는 것이다.

그러나 제주祭主는 관을 제일 못하는 그 학생이 최고로 알고 있다. 귀신 영가를 잘 본다고 해서 관觀을 잘하거나 천도를 잘하는 것이 아니다. 무속巫俗인이나 신들린 사람들도 귀신이나 영가를 잘 보는 사람들도 개중에는 있으나 불보살님의 광명을 못 보기 때문에 진정한 천도가 안 되는 것이다.

이 관법觀法은 운동선수가 운동을 그만두면 실력이 없어지듯이 수련을 계속하지 않으면 시간이 지나며 소멸되는 것으로 신들린 접신接神 상태에서 하는 것이 아니다. 그래서 평생 수행을 해야 한다.

지금은, 물론 필자에게 배웠지만 **능관스님이 삼매에 깊이 들어 관법**觀法을 잘하고 있어 필자의 참모 겸 영계靈界의 스승 역할을 하고 있고 일반인들은 물론 수행자인 스님들이 찾아오고 있다.

필자가 제자들에게 배운 바의 질문을 다음과 같이 한다.

1. 영가가 몇 명 왔는지 갔는지 보고 하는가?
2. 불 · 보살님과 신장님들이 광명을 나투는 것을 보고 하는가?
3. 영가가 불 · 보살님의 광명을 보고 따라가는 것을 보았는가?
4. 영가를 신장님이 데려오는 것도 보았는가?
5. 삼매에서 관觀을 통하여 지장보살을 보았는가?
6. 천신天神 용龍 산신山神등 온갖 신들을 보았는가?
7. 몸에 빙의되어 있는 영가를 확실히 보는가?

8. 보지 못하고 지내는 제사는 집전스님께 영가장애가 생기기 쉽다.
9. 지장경에 써 있다고 해서 되는 일이 아니다. 지장경은 대표적 위경이기 때문이다. 위경은 위조지폐와 같은 것이다.
10. 지장경은 기독교의 **바이블**보다 더 **황당한 경**이라 보면 된다.
11. 지장보살을 보았다는 사람들은 신들려 헛것을 보고 지장보살이라고 착각하면 안 된다.

지장정근을 하면 오히려 영가가 들어오지 못하게 신장님들이 문을 막고 있다. 이것은 삼매의 관觀에 능통한 사람들의 일관된 경험적 내용이다. 그렇다고 천도를 하지 말라는 이야기는 아니다.

조상천도는 **하되** 지장보살 정근을 하지 말라는 이야기이다. **정말로 천도를** 원한다면 **석가모니불을 정근해야** 한다. 지장기도를 해서는 천도가 잘된다면 좋지만, 오히려 천도가 되지 않는다는데 문제가 있는 것이다. 보고하는데 보지 못하며 우기면 되겠는가?

옛날 고승高僧 운운하며 어쩌니 저쩌니 괴변을 하면 안 된다. 지금의 큰 스님이라는 원로대덕 스님들도 보고하는 것이 아니라 그냥 관습대로 했듯이, 옛 고승이라는 분들도 그냥 관습대로 따지지 않고 그냥 그렇게 한 것이다. 근세의 큰 스님이라는 분들도 세월이 흐르면 고승高僧이 되는 것이다.

불교의 **본존**本尊인 **석가모니부처님**의 명호를 부르는 것이 제일 좋은 기도이며 천도도 제일 잘 되고 신장님들의 보호와 가피가 있다.

하는 일마다 될 듯 말듯 일이 잘 풀리지 않고 건강에 별안간 이상이 생기거나 뜻하지 않는 사고가 자주 생기는 사람은 조상천도를 잘하면 좋다. 기도 중에 부처님 법을 통한 조상기도가 좋다고 본다.

☸ 행위[업業]가 우리의 주인이다.

맛지마 니까야, 업業의 분석경 (M135)

중생의 **업**[행위]이 바로 그들의 주인이고, **업**[행위]의 상속자이고, **업**[행위]에서 태어났고, 업이 그들의 권속이고, 업이 그들의 의지처이다. 업이 중생들을 구분지어서 천박하고 고귀하게 만든다.

맛지마 니까야, 와세타경 (M98)

행위[업業]에 의해 성직자가 되고, **행위**[업業]에 의해 비非성직자가 된다. 행위에 의해 농부가 되고, 행위에 의해 기술자가 되고, 행위에 의해 상인이 된다. 행위에 의해 하인이 되고, 행위에 의해 도둑이 되고, 행위에 의해 군인이 된다. 행위에 의해 제관이 되고 행위에 의해 왕이 된다. 현자는 이와 같이 있는 그대로 행위를 보나니 그는 조건에 따라 생겨남을 보고 **행위**[업業]와 과보에 능통하다.

행위에 의해 세상은 굴러가고
행위에 의해 인류는 계속된다.
중생은 행위에 묶여 있나니
마치 마차 바퀴가 굴대에 묶여 있듯이!

☸ 아무리 교리가 훌륭해도 명칭名稱을 빼앗겨 지면, 포교에서 지고, 교리의 설명이 어려워진다.

일반인이나 불교 교리를 잘 모르는 스님이나 불자들께 이런 질문을 하면 무엇이라고 대답할까?

'**하느님**과 **부처님** 중에 누가 더 전지전능하고 신통하고 힘이 있고 위대하다고 생각합니까? 라고 묻는다.' 면 대부분 90% 이상이 '하느님이 위대한 것이 아닌가요?' 라고 어정쩡한 대답을 하든지 아니면 '뭐! 같은 뜻이 아닌가요.' 라고 한다.

또한 기독교와 불교의 비교에서, 기독교인들은 **'예수님**은 **하느님**의 **아들**이고, **석가**는 **인간**의 **아들**이라.' 고 생떼를 쓰면 속수무책이다. 이런 대답과 이러한 생떼가 나올 때, 불교의 포교는 한계를 느낄 수 밖에 없다.

신앙의 대상이 되는 명칭에서 있어서 불교는 **다신**多神적 형태의 무수히 **많은 보살들**의 호칭이, 유일신으로서의 **하느님**이나 **하나님**을 찾는 기독교나 천주교의 신앙은, 대상의 명칭에 있어서 다른 종교보다 선교의 유리한 위치에 있다고 보아야 한다.

불교인은 뜻도 모르는 **한문** 경전을, 또한 **진언**이라는 뜻도 모르고 알아듣지 못하는 **만뜨라(다라니)**를 몇 10년 또는 평생 외워댄 결과 누구 앞에서도 자신 있게 불교에 대하여 설명할 수 있는 수행자나 신도들이 드문 반면, 기독교인은 몇 달만 교회에 다니면 입이 따발총이 된다.

또한 빡빡 우기며 생떼를 쓰는 횟수가 많아지면 **자신들도** 모르게 **최면**催眠에 걸리는 특성으로 엉터리가 진짜가 되어 빼도 박도 못한다.

이를 대치하는 방법은 부처님의 일대기를 한번만 읽어도 잘 알 수 있는 <석가모니 부처님 찬탄 기도 수행 성취문>을 읽고 외우며, 이 해설서인 <하느님들의 유일한 스승 석가모니불>의 책을 읽는 것이다.

그러면 그 **하느님**이라는 **고유용어는** 과연 무엇일까.

상윳따 니까야. 삭까 경. Sakka-sutta(S.40:10)

1. 이와 같이 들었다. 어느 때 마하목갈라나 존자는 사왓티에서 제따 숲의 아나타삔디까[급고독원]에 머물렀다.

2. 그때 마하목갈라나 존자는 마치 힘센 사람이 구부렸던 팔을 펴고 폈던 팔을 구부리는 것처럼 제따 숲에서 사라져서 삼십삼천의 신들 앞에 나타났다.

3. 그때 **신들의 왕** 삭까가 오백 명의 신들과 함께 마하목갈라나 존자에게 다가갔다. 가서는 목갈라나 존자에게 **절을 올리고** 한 곁에 섰

다. 한 곁에 서있는 신들의 왕 삭까에게 마하목갈라나 존자는 이렇게 말했다.

"신들의 왕이여, 부처님께 귀의하는 것은 참으로 장한 일입니다. 신들의 왕이여, 부처님께 귀의 한 인연으로 여기 어떤 중생들은 몸이 무너져 죽은 뒤에 좋은 곳 천상에 태어납니다. 신들의 왕 삭까여, 법에 귀의하는 것은 참으로 장한 일입니다. … …

4. 그러자 신들의 왕 삭까는 육백 명의 신들과 함께…

5. 7백 명의 신들과 함께…

6. 8백 명의 신들과 함께…

7. 신들의 왕 삭까는 **8만 명의 신**들과 함께 마하목갈라나 존자에게 다가갔다. 가서는 목갈라나 존자에게 **절을 올리고** 한 곁에 선 신들의 왕 삭까에게 마하목갈라나 존자는 이렇게 말했다.

"신들의 왕이여, 부처님께 귀의하는 것은 참으로 장한 일입니다. 신들의 왕이여, 부처님께 귀의 한 인연으로 여기 어떤 중생들은 몸이 무너져 죽은 뒤에 좋은 곳 천상에 태어납니다. 신들의 왕 삭까여, 법에 귀의하는 것은 참으로 장한 일입니다. … ……"

☸ 불교의 고유용어인 '하느님' 용어 되찾아오기 운동 ☸

☞ 신들의 왕은 천신天神들의 왕이니, 바로 하느님이다. 삭까(Sakka, Sakra:인드라)는 중국에서 제석帝釋 혹은 석제釋帝로 음역되었고, 천주天主로 번역되기도 한다. 즉 **하느님**이다

삼십삼천은 욕계의 제2천인 도리천忉利天이다. 하느님이 부처님의 제자인 목갈라나 존자에게 절을 올리고 있고, 부처님의 제자인 목갈라나 존자는 하느님께 설법을 하고 있다.

☞ 이 대목에서 보듯이 수많은 **하느님이나 신들은 모두 부처님께 제도 받을 대상**이고 귀의할 대상이다. 부처님께 귀의한 신들은 힌두

교에 나타나는 모든 신들로서 하느님이다. 이 신들은 실재하는 막강한 힘을 가진 **하느님**들로 **대승**大乘에서 **보살**로 격하格下된 것이다.

천주天主는 하늘의 주인이니 하느님이고, **천왕**天王은 하늘의 왕이니 하느님이고, **천존**天尊은 하늘에서 가장 높은 분이니 하느님이고, **천제**天帝는 하늘의 황제이니 하느님이고, **천신**天神도 하늘의 신이니 하느님이고, **천황**天皇도 하늘의 임금이니 하느님이다. 천왕天王 천주天主 천존天尊 등의 용어는 불경에만 나오는 **불교**의 **고유용어**이다.

아버지를 부친父親·엄친嚴親·엄부嚴父·가친家親 아빠·아범· 애비 등 어떻게 부르던 같은 아버지인 것과 같이, 하느님·하나님·한울님·한배님·한님 · 천주님 등 어떻게 부르던 같은 하느님임에 틀림없다.

☞ 유교의 사서삼경, 도교의 도장경道藏經, 천주교 기독교의 바이블, 등에도 나오지 않는 것으로 하느님은 불교의 고유용어이다.

유교에서는 그냥 천天이고, 도교에서는 하느님을 **옥황상제**玉皇上帝 혹은 상제上帝라고 불렀으며, 천주교 기독교의 신神의 이름은 그냥 **'여호와**[야훼]**'** 이다. 이슬람교의 신은 **'알라'** 이다. 여호와와 알라는 **하느님**이 아니라 전쟁과 살상 테러를 일삼는 **악신**惡神으로 **악마**惡魔이다.

인도印度의 신神들은 불교가 발생하기 이전부터 깊은 명상瞑想과 **삼매**三昧 등을 통하여 **확인된 하느님들**이다.

아래의 글은 전재성 박사가 번역한 부처님 원음原音**인 빠알리 대장경인「니까야」에서 그대로 옮긴 것임.**

(한국불교의 1700년사에 불교의 획을 바꾸는 빛나는 업적이라 사료됨)

불교의 세계관은 일반적으로 알려진 것처럼 단순히 신화적인 비합리성에 근거하는 것이 아니라 인간의 정신세계인 명상 참선 수행의 경험에 따른 순서에 따라 대응하는 방식으로 합리적으로 조직되어 있다.

물론 고대 인도의 세계관을 반영하고 있는 것은 사실이지만 **부처님이 직접 경험한 우주의 정신세계를** 다루고 있는 것이다.

여기서 세계의 존재[유有: bhavo]라고 하는 것은 엄밀히 말하면 육도윤회 하는 무상한 존재를 의미하며, 감각적 쾌락에 대한 욕망의 세계[욕계:欲界], 미세한 물질의 세계[색계色界], 비물질의 세계[무색계無色界]라는 세 가지 세계의 존재가 언급되고 있다. 감각적 쾌락에 대한 욕망의 세계, 즉 감각적 욕망계의 존재[욕유欲有 : kămabhava]는 지옥, 아귀, 축생, 수라, 인간과 하늘에 사는 거친 육체를 지닌 존재들을 의미한다.

미세한 물질의 세계, 즉 색계에 사는 존재[색유色有: rupabhava]는 하느님의 세계의 하느님의 권속인 신들의 하늘[범중천梵衆天]에서 궁극적인 미세한 물질로 이루어진 신들의 하늘[색구경천色究竟天, 유정천有頂天]에 이르기까지 첫 번째 선정禪定에서 네 번째 선정에 이르기까지 삼매의 깊이에 따른 조건으로 화생化生되는 세계를 말한다.

따라서 이들 세계는 첫 번째 선정의 하느님의 세계의 신들[초선천初禪天]에서부터 청정한 삶을 사는 하늘나라의 신들[Suddhavasakayika devă : 정거천淨居天]은 무번천無煩天, 무열천無熱天, 선현천善現天, 선견천善見天, 색구경천色究竟天까지의 이름으로도 불린다. 초선천부터 하느님의 세계에 소속된다.

가장 높은 단계의 세계인 비물질의 세계, 즉 무색계에 사는 존재[무색유無色有 : arupabhava]에는 '무한공간의 하느님의 세계의 신들[공무변처천空無邊處天], 무한의식의 하느님의 세계의 신들[식무변처천識無邊處天], 아무것도 소유함이 없는 하느님의 세계의 신들[무소유처천無所有處天], 지각하는 것도 아니고 지각하지 않는 것도 아닌 하느님의 세계의 신들[비상비비상처천非想非非想處天]이 있다.

'무한공간의 세계에서 지각하는 것도 아니고 지각하지 않는 것도 아닌 세계에 이르기까지는 첫 번째 비물질계의 선정에서 네 번째의 비물질계의 선정에 이르기까지 명상삼매의 깊이를 조건으로 화현化現

하는 비물질의 세계이다.

이들 하늘나라[천상계:天上界]나 하느님의 세계[범천계:梵天界]에 사는 존재들은 화생化生, 인간은 태생胎生, 축생은 태생胎生 난생卵生 습생濕生 화생化生의 발생 방식을 택하고 있다. 그것들의 형성 조건은 윤리적이고 명상적인 경지를 얼마만큼 성취했는지에 따라 달라진다.

하늘나라의 감각적 쾌락에 대한 욕망의 세계에 태어나려면 믿음과 보시와 지혜와 같은 윤리적인 덕목을 지켜야 한다. 인간으로 태어나기 위해서는 오계五戒에 대한 인식이 있어야한다. 그리고 아수라는 분노에 의해서, 축생은 어리석음과 탐욕에 의해서, 아귀는 인색함과 집착에 의해서, 지옥은 잔인함과 살상殺傷을 저지르는 것에 의해서 태어난다.

미세한 물질의 세계에 속해 있는 존재들은 첫 번째 선정禪定에서부터 네 번째 선정[사선四禪]에 이르기까지 명상의 깊이에 따라 차별적으로 하느님의 세계에 태어나며 **하느님도** 된다. 미세한 물질의 세계의 최상층에 태어나는 존재들은 돌아오지 않는 [불환과不還果] 과위의 경지를 조건으로 한다.

물질이 소멸한 비물질적 세계의 존재들은 '무한공간의 세계' 에서 '지각하는 것도 아니고 지각하지 않는 것도 아닌 세계'에 이르기까지 비물질적 세계의 선정의 깊이에 따라 차별적으로 각각의 세계에 태어난다.

불교에서는 여섯 갈래의 길[육도六道]은 천상· 인간·아수라·축생·아귀·지옥을 말하는데, 이때 하늘나라[천상계天上界]는 감각적 쾌락의 욕망이 있는 하늘나라[욕계천欲界天]와 하느님의 세계[범천계梵天界]로 나뉘며, 하느님의 세계는 다시 미세한 물질의 세계와 비물질의 세계로 나뉜다.

그리고 **부처님**이나 **아라한**은 이러한 육도윤회의 세계는 물론 하느님의 세계도 뛰어넘어 불생불멸하는 분들이다. 여기 소개된 천상의 세계, 즉 하늘의 세계에 대하여 이 책에서는 다음과 같이 번역하였다.

1) 감각적 쾌락에 대한 욕망의 세계의 여섯 하늘나라

① 네 위대한 왕들의 하늘나라(Cātummaharajikă devă : 사왕천四王天)

② 서른셋 신들의 하늘나라.

(Tăvatirhsă devă 三十三天 =도리천忉利天)

③ 축복 받는 신들의 하늘나라. (Yămă devă : 야마천耶摩天)

④ 만족을 아는 신들의 하늘나라.(Tusită devă : 도솔천兜率天)

⑤ 창조하고 기뻐하는 신들의 하늘나라.

(Nimmănaratï devă: 화락천化樂天)

⑥ 남이 만든 존재를 지배하는 신들의 하늘나라

(Paranimmitavasavattino devă: 타화자재천他化自在天)

2) 첫 번째 선정禪定의 세계의 세 하느님의 세계

⑦ 하느님의 권속인 신들의 하느님의 세계.

(Brahmapărisajjă devă: 범중천梵衆天)

⑧ 하느님을 보좌하는 신들의 하느님의 세계.

(Brahmapurohită devă: 범보천梵輔天)

⑨ 위대한 신들의 하느님의 세계.(Mahăbrahmă devă: 대범천大梵天)

그리고 이들⑦ ~ ⑨ 하느님세계를 '하느님의 무리인 신들의 하느님세계(Brahmakăyikă devă : 범신천梵身天')라고 한다.

3) 두 번째 선정禪定의 세계의 세 하느님의 세계

⑩ 작게 빛나는 신들의 하느님의 세계.

(Parittăbhă devă: 소광천小光天)

⑪ 한량없이 빛나는 신들의 하느님의 세계

(Appamănăbhă devă: 무량광천無量光天)

⑫ 극렬하게 빛나는 신들의 하느님의 세계

(Ăbhăssară devă : 극광천極光天 =광음천光音天)

4) 세 번째 선정禪定의 세계의 세 하느님의 세계

⑬ 작은 영광의 신들의 하느님의 세계.
(Parittasubhă devă : 소정천小淨天)
⑭ 한량없는 영광의 신들의 하느님의 세계
(Appmanăsubhă devă : 무량정천無量淨天)
⑮ 영광으로 충만한 신들의 하느님의 세계.
(Subhakinnă devă : 변정천遍淨天)

5) 네 번째 선정禪定의 세계의 아홉 하느님의 세계

⑯ 번뇌의 구름이 없는 신들의 하느님의 세계
(Anabbhakă devă : 무운천無雲天)
⑰ 공덕이 생겨나는 신들의 하느님의 세계
(Puňňappasavă devă: 복생천福生天)
⑱ 위대한 경지로 얻은 신들의 하느님의 세계
(Vehapphală devă : 광과천廣果天)
⑲ 지각을 초월한 신들의 하느님의 세계
(Asňňasattă devă : 무상천無想天)
⑳ 미세한 번뇌도 없는 신들의 하느님의 세계
(Avihă devă : 무번천無煩天)
㉑ 미세한 열뇌도 없는 경지로 얻은 신들의 하느님의 세계
(Atappă devă : 무열천無熱天)
㉒ 선정이 잘 이루어지는 신들의 하느님의 세계
(Sudassă devă : 선현천善現天)
㉓ 관찰이 잘 이루어지는 신들의 하느님의 세계
(SudassI devă: 선견천善見天)
㉔ 궁극적 미세한 물질로 이루어진 신들의 하느님의 세계
(Akanitthă devă : 색구경천色究竟天)

이 가운데 ⑳ ~ ㉔의 다섯 하느님 세계는 아주 청정한 삶을 사는 신들의 하느님 세계(Suddhăvăsa devă)를 **정거천**淨居天이라고 한다.

6) 비물질적 세계에서의 네 하느님의 세계

㉕ 무한공간의 신들의 하느님의 세계
(Akăsănancăyatanabrahmaloka devă : 공무변처천空無邊處天)

㉖ 무한의식의 신들의 하느님의 세계
(Viňňănaňcăyatanabrahmaloka devă: 식무변처천識無邊處天)

㉗ 아무것도 없는 신들의 하느님 세계
(Akiňcaňňabrahmaloka devă : 무소유처천無所有處天)

㉘ 지각하는 것도 아니고 지각하지 않는 것도 아닌 신들의 하느님 세계
(Nevasaňňăăaňňăatanabrahrnaloka : 비상비비상처천非想非非想處天)

※ 쑤바의 경(Subha-sutta. 맛지마 니까야 M99)

[세존] "바라문 청년이여, 날라까라는 마을에서 태어나 성장한 사람이 지금 막 날라까에서 떠나왔는데, 그에게 날라까라의 길을 묻는다면 대답하는데 머뭇거리거나 주저할 수 있더라도, 여래에게 **하느님의 세계나 하느님 세계에** 이르는 길에 대하여 묻는다면 대답하는데 머뭇거리거나 주저함이 없다. 바라문 청년이여, 나는 **하느님 세계**를 잘 알고 있고, 어떻게 수행하여 **하느님 세계**에 태어나는지를 잘 안다.

☞ **이상**에서 밝혔듯이 불교의 우주관이나 신들의 세계인 하느님들의 세계는 많은 수행자들과 부처님이 깊은 명상과 참선 삼매를 통한 선정禪定에서 **직접 목격**하고 **직접 체험**한 정신세계의 등급을 나타낸 것이다.

다음의 도표는 천상계의 태어남의 조건과 수명을 구체적으로 설명한 것이다. **전재성** 박사님의 <빠알리 대장경인 니까야 번역서>에서 옮긴 것이다. 전재성 박사께 지면을 통하여 진실로 감사의 예를 올린다.

불교의 세계관 (형성조건에 따른 33개의 세상) <전재성 박사 저>

형성조건	생성방식	명 칭	수 명	분류			
무형상(無形象)	화생	(33) 비상비비상처천(非想非非想處天)	84,000 대겁	하느님계	무색계	천상계	선업보계
		(32) 무소유처천(無所有處天)	60,000 대겁				
		(31) 식무변처천(識無邊處天)	40,000 대겁				
		(30) 공무변처천(空無邊處天)	20,000 대겁				
사선(四禪)	정거천淨居天	(29) 색구경천(色究境天) ⑤ 불	16,000 대겁		색色계界		
		(28) 선견천(善見天) ④ 환	8,000 대겁				
		(27) 선현천(善現天) ③ 不	4,000 대겁				
		(26) 무열천(無熱天) ② 還	2,000 대겁				
		(25) 무번천(無煩天) ① 者	1,000 대겁				
	화생	(24) 무상유정천(無想有情天)	500 대겁				
		(23) 광과천(廣果天)	500 대겁				
		(22) 복생천(福生天):대승大乘에서					
		(21) 무운천(無雲天):대승大乘에서					
삼선(三禪)	화생	(20) 변정천(遍淨天)	64 대겁	범천계梵天界			
		(19) 무량정천(無量淨天)	32 대겁				
		(18) 소정천(小淨天)	16 대겁				
이선(二禪)	화생	(17) 광음천(光音天)	8 대겁				
		(16) 무량광천(無量光天)	4 대겁				
		(15) 소광천(小光天)	2 대겁				
초선(初禪)	화생	(14) 대범천(大梵天)	1 무량겁				
		(13) 범보천(梵輔天)	1/2 무량겁				
		(12) 범중천(梵衆天)	1/3 무량겁				
믿음 보시 (봉사) 지계	화생	(11) 타화자재천(他化自在天)	16,000 천상년	천상의 욕계	욕欲계界		
		(10) 화락천(化樂天)	8,000 천상년				
		(9) 도솔천(兜率天)	4,000 천상년				
		(8) 야마천(耶麻天)	2,000 천상년				
		(7) 삼십삼천(三十三天)= 忉利天	1,000 천상년				
		(6) 사천왕천(四天王天)	500 천상년				
오계	태생	(5) 인간(人間)	정해지지 않음			인간	
성냄	화생	(4) 아수라(阿修羅)	정해지지 않음			아수라	악업보계
우치.탐욕	태생.난생.습생.화생	(3) 축생(畜生)	정해지지 않음			축생	
인색.집착	화생	(2) 아귀(餓鬼)	정해지지 않음			아귀	
잔인.살생	화생	(1) 지옥(地獄)	정해지지 않음			지옥	

❁ 욕계 천상의 수명 [아비달마 길라잡이] 435 쪽 참조

구분	천 상	중생수명 (천상 년)	중생수명 (인간 년 환산)	천상의 1일	천상의 1월(30일)	천상의 1년(12개월)
6	타화자재천	16000 천상 년	92억1,600만 인간 년	1,600 인간 년	48,000 인간 년	576,000 인간 년
5	화락천	8,000 천상 년	23억400만 인간 년	800 인간 년	24000 인간 년	288,000 인간 년
4	도솔천	4,000 천상 년	5억7,600만 인간 년	400 인간 년	12,000 인간 년	144,000 인간 년
3	야마천	2,000 천상 년	1억4,400만 인간 년	200 인간 년	6,000 인간 년	72,000 인간 년
2	삼십삼천	1,000 천상 년	3,600만 인간 년	100 인간 년	3,000 인간 년	36,000 인간 년
1	사대왕천	500 천상 년	900만 인간 년	50 인간 년	1,500 인간 년	18000 인간 년

☞ 이해를 돕기 위해 설명을 하겠다. 사대천왕의 천상 1일이 인간세상인 지구의 50년이고 1개월은 인간세상 1천5백년이고 1년은 1만8천년 이며, 사대천왕 년으로는 5백 천상년이니까. 지구상으로는 9백만년이다.

부처님이 하강하신 도솔천兜率天의 1일은 지구상의 인간년수로는 400년이고 1년은 5억7천6백 만년이니까. 인간에게는 거의 무량한 세월이다.

욕계 6천인 타화자재천은 92억1천6백만 년이니 색계천色界天이나 무색계천無色界天의 수명은 인간 년수로는 무량한 것이며 거의 영겁永劫에 가깝다. 그러나 불교에서는 인간의 생각이나 사념思念으로는 거의 영원한 것 같으나 실체는 영원하지 않다는 것이다.

그래서 깨달은 부처님이나 아라한이 되어야 욕계欲界 색계色界 무색계無色界인 삼계三界를 초월하여 다시는 생멸生滅이 없는 생사生死가 초월된 세계가 아닌 세계로 가는 것으로 거기에 무슨 천당이니 지옥이니 극락이니 하는 것이 필요하겠는가?

우주는 반복적 순환의 원리로 계속 생성소멸을 반복한다. 이것이 성주괴공成主壞空 생로병사生老病死이다.

※ 중생의 거처 경. Sattavasa-sutta(A.9:24)

1. "비구들이여, **아홉** 가지 **중생**의 거처가 있다. 무엇이 아홉 가지 인가?"

2. "비구들이여, 각자 다른 몸을 가지고 각자 다른 인식을 가진 중생들이 있다. 예를 들면 인간들과 어떤 신들과 어떤 악처에 떨어진 자들이다. 이것이 첫 번째 중생의 거처이다."

3. "수행승들이여, 예를 들어 첫 번째 선정으로 **하느님**의 세계에 태어난 신들처럼[범중천梵衆天] 신체의 다양성을 지니고 지각의 통일성을 지닌 중생들이 있다. 이것이 두 번째 중생의 거처이다."

4. "수행승들이여, 예를 들어 빛이 흐르는 **하느님의** 세계의 신들처럼 신체의 통일성을 지니고 지각의 다양성을 지닌 중생들이 있다. 이것이 세 번째 중생의 거처이다."

5. "수행승들이여, 예를 들어 영광이 충만한 **하느님**의 세계의 신들처럼 신체의 통일성을 지니고 지각의 통일성을 지닌 중생들이 있다. 이것이 네 번째 중생의 거처이다."

6. "비구들이여, 인식이 없고, 느낌이 없는 중생들이 있다. 예를 들면 무상유정천의 신들이다. 이것이 다섯 번째 중생의 거처이다."

7. "비구들이여, 물질[색色]에 대한 인식을 완전히 초월하고 부딪힘의 인식을 소멸하고 갖가지 인식을 마음에 잡도리하지 않기 때문에 '무한 허공'이라고 하면서 공무변처空無邊處에 도달한 중생들이 있다. 이것이 여섯 번째 중생의 거처이다."

8. "비구들이여, 공무변처를 완전히 초월하여 '무한한 알음알이[식識]'라고 하면서 식무변처識無邊處에 도달한 중생들이다. 이것이 일곱 번째 중생의 거처이다."

9. "비구들이여, 식무변처를 완전히 초월하여 '아무것도 없다.' 라고

하면서 무소유처無所有處에 도달한 중생들이다. 이것이 여덟 번째 중생의 거처이다."

10. "비구들이여, 무소유처를 완전히 초월하여 비상비비상非想非非想처에 도달한 중생들이다. 이것이 아홉 번째 중생의 거처이다."

☞ 부처님께서 위의 아홉 가지 중생衆生의 거처를 밝혔다. 불교를 잘 모르는 초보자나 공부를 했다는 신도들이나 수행자들도 이 부분에서 이해를 잘 못할 것이다.

욕계欲界의 천당 아수라 인간 축생 아귀 지옥의 육도六道와 육천六天인 사천왕천 도리천 야마천 도솔천 화락천 타화자재천까지가 욕계欲界로서 **1개의** 중생계로 보고, 색계色界의 18천天을 초선初禪 2선禪 3선禪 4선禪으로 나누어 **색계를 4개의** 중생계로 보고. 무색계無色界의 공무변처천 식무변처천 무소유처천 비상비비상처천의 4개를 각각 1개로 **4개의** 중생계로 보니까 욕계 1개 색계 4개 무색계 4개를 합치면 **9가지**의 중생들이 거처하는 것이다.

쉽게 이야기 하면 삼계三界를 중생계로 보고 이를 한문으로 **구류**九類 중생들로 구분하여 부처님께서 설명하셨다. 수다원[예류자豫流者] 사다함[일래자一來者] 아나함[불환자不還者: 不來]은 중생들이고. **아라한**阿羅漢**은** 중생이 아닌 **대성자**大聖者이다. 신神들이나 천신들 또는 하느님도 중생으로 들어가는 것이다.

우리 인간의 육안肉眼으로 볼 수 있는 것은 욕계欲界의 인간계와 축생계 2개뿐이다. 축생계라도 세균 종류는 육안으로 보지 못한다. 우리가 보는 세계는 빙산의 일각만도 못한 것이다. 인간의 육안으로 본다는 것은 극히 미미한 제한된 것들이다. 그 보지 못하는 육안肉眼의 잣대로 함부로 단정하면 안 된다.

이 초월된 세계는 깊은 삼매를 통하여 부처님과 부처님의 제자인 무수히 많은 아라한들의 직접적인 체험의 내용이다. 부처님은 우리가 사는 태양이 폭발하며 태양계가 수축팽창을 하는 빅뱅을 7번이나 삼매에서 보셨다고 말씀하시고 있다.

☞ * 그러면 기독교나 천주교 이슬람교인 서양의 종교관을 한번 살펴볼 필요가 있다. 기독교나 이슬람교에서 하느님이라는 신은 기독교는 <여호와>라는 이름으로, 이슬람교는 <알라>라는 이름으로 서로의 싸움질이 인류를 멸망하게하고 있다. 이들은 황망한 사막에서 거칠게 살아가는 사람들로 토속신앙에서 비롯된 하나의 잡신일 뿐이다. 44명의 제사장[박수무당]들에 의해 1600여년에 걸쳐 세습적으로 조작된 것이 66편의 바이블[성경]이다.

천주교 기독교의 야훼[여호와]신神은 **이스라엘** 조상의 **씨족신이며** 세계의 어느 민족과도 하등에 관계가 없는 그들의 신神일 뿐이다.
<원수를 사랑하라.> 해놓고, **믿지** 않으면 사랑하는 아내 아들 딸 형제를 돌로 쳐 죽여라. 노략질하라. 저 원수를 이리로 끌어다 죽여라는 등의 횡설수설은 신들려 나타난 환상들이다. 신들린 사람들은 자신이 접신된 신이 최고로 위대하다고 착각하여 하느님이라고 하는 것이다. 잡신이 들려 뜻도 모르는 **방언**方言으로 쏼라 쏼라 대는--, 인간의 욕망이 만든 **살인귀**殺人鬼 **악신**惡神 **악마**惡魔일 뿐이다.

천주교 기독교 <바이블 신명기 13장 6~11절>에
「다른 신을 믿으면 **사랑하는 아내·아들·딸·형제·친구 가릴** 것 없이 긍휼히 보지 말며, 불쌍히 여기지 말며, 어여삐 보지 말며, 용서 없이 **돌로 쳐 죽여라.**」
천주교 기독교. 누가복음 19장 27절 예수의 말씀

「나[예수]의 **왕 됨을** 원치 않던 저 **원수**들을 이리로 끌어다 **내 앞에서 죽여라.**」 **<사악한 악마를 왜 하느님이라 하는가?>** 인터넷검색 바람

『영국 bbc방송국과 영국 재판정이 예수는 하나님의 아들이 아니고 부활도 조작이라고 입증했다.

예수는 막달라 마리아와 결혼을 하여 자녀까지 두었으며 십자가에서 죽은 것이 아니라 구세주 행세를 하며, **다윗 왕**을 계승하여 **유대의 왕이** 되려다가 유대인의 반발로 인해 처형될 처지에 놓이게 되자 예수의 처남 아리마대의 요셉을 통하여 많은 뇌물을 받은 바 있는 로마의 유대 총독 빌라도와 짜고 십자가에서 죽는 것 같이 연극을 하고는 그 뒤 부활의 연극을 한 다음 로마병사들의 호위 속에 프랑스로 망명을 하였다.』

『영국 BBC 방송에서 부분적으로 3차례에 걸쳐 방송까지 된바 있는 이러한 내용의 책「성혈과 성배」가 출판이 되어 세계를 경악케 하자 이에 놀란 영국의 기독교와 천주교인의 사실 확인 소송이 영국 법정에 제소되어 **재판**까지 하게 되었다.

주심판사는 판결을 미뤄오다 빨리 판결하라는 법원의 독촉을 받고 판결하기를 "나도 3대째 예수를 믿어온 집안의 자손으로서 예수님이 십자가에서 죽지 않았다는 사실을 부정하려고 무던히 노력하였습니다만 예수는 십자가에서 죽지 않고 프랑스로 망명하여 84살까지 살다 죽었습니다. 예수는 로마 병사 **판델라**의 아들이었습니다. 책의 내용은 모두 사실이었습니다." 라고 판결을 하였다.』

---- 반드시 **<영국bbc판결>** 인터넷검색 바람 ----

어리석은 인간들의 무지한 욕망의 탓으로 권력權力과 부富를 위하여 살생이나 살인은 마귀魔鬼나 하는 짓거리인데도 한국에서 천주교 기독교가 번성하는 이유는 **하느님**이라는 이름의 **도용**盜用에 있다.

이 하느님은 우리민족의 고유 전통용어로 믿음의 대명사가 되며 절

대시 되고 있다. 이런 하느님을 천주교 기독교에서 쓰고 있기 때문에 몇 **억**億**명을** 죽인 천주교의 잔악하고 사악하고 야만적인 여호와[야훼] 신神이 **선량한 하느님**으로 둔갑하게 되어 **선교**宣教를 **쉽게** 하고 있다.

잔인하고 잔악하게 믿지 않는 사람을 죽이라고 기록되어 있는 천주교 기독교의 교전인 바이블을 성스러운 경전이라는 **성경**聖經으로의 둔갑했으며 증오를 **사랑으로**의 미화하였다.

그런데도 천주교는 점잖고 평화적이고 좋은 종교란다. 무지하고 무식하면 어쩔 수 없다. **<사제들의 성추행> <신부들의 어린이 성추행>** 인터넷 검색바람

예수는 3번을 결혼하고 5명의 자녀를 두었고. 예수의 어머니 마리아는 8남매를 낳았으므로 예수는 독자나 독생자가 아니다.

필자의 저서 [병신육갑丙辛六甲**] 책 검색바람**

불교의 우주관에서 보았듯이 잔인한 살생은 그 과보로 지옥에 화생化生하고 어리석고 탐욕이 많으면 축생 세계에 화생化生한다고 되어있다.

천주교를 믿는 자체가 어리석고 무지한 것이며, 인간 마녀사냥으로 오백[500]만 명의 죄 없는 여인들을 산채로 불태워 죽인 만행. 중세기에 **매독**에 걸린 여러 명의 **교황!** 미국에서 사제[신부] 5,000 (오천)여명이 **성추행**한 것으로 들어났고, 그 피해 소년·소녀는 1만 3천여명에 달한다. [2008년 4월 19일자(토) 중앙일보] **<매독 걸린 교황>** 인터넷 검색 바람.

침략과 노략질로 사람 목숨을 파리 목숨보다 더 가볍게 보았던 천주교에서 인권人權운운하는 것은 음흉한 여우가 양의 탈을 쓰고 점잖을 떠는 것으로, 참으로 가증스럽다. 조선 말기에 조상제사를 거부하여 몰살당했던 이들이 불교 흉내를 내며 109배 절을 하며, 49제도 지내고 있다.

정신병자가 많이 생기는 원인은 인간마녀사냥으로 불타죽은 억울

한 원혼과 천주교 기독교와 이슬람교로 인한 몇 억 명이 넘는 살상자들의 넋들이, 한국에 교인이 많이 생기므로 그 혼魂들이 교인들에게 붙어 창궐하기 때문이라고 보아야 한다. 변종變種 · 신종新種 바이러스나 애볼라 등, 자폐증 등은 이와 같은 원인으로 화생化生한 것들이라 보아야 한다.

미신적 종교는 인류사회악이다. 미신적 종교는 그 행태行態가 점잖고 고상하게 보일수록 더욱 더 많은 정신병자들을 양산하는 고질적 사회악이다.

> 불교에서 28천의 **선량한 하느님을** 되찾아오지 않으면 **포교는 어렵고** 많은 사람들이 **고통에** 허덕이게 되고 **인류는 불행**해진다. 살인과 노략질을 다반사로 하는 교리의 천주교 기독교에서 **하느님**이라는 **용어를** 사용하게 해서는 절대 안 된다.

또한 예수가 태어난 날이라는 12월 25일 크리스마스를 **<성탄절**聖誕節**>**이라고 하는 것도 절대 용납할 수 없는 일이다. 달력이나 공식적인 행사의 기록문을 **크리스마스**로 쓰게끔 계몽해야 한다. 성탄聖誕이란 성인聖人이 탄생한 날이다.

세계에서 공인하는 성인 석가모니 · 공자 · 소크라테스 등이 태어난 날, 모두를 공히 **성탄절**聖誕節이라고 달력이나 공문서에 기재해야 한다. 엄밀히 말하면 예수나 무함만[마호멧]은 성인이 아니다. 이 두 사람으로 인해 세계는 전쟁의 도가니요. 자살폭탄테러와 같은 생지옥으로 변했다. 사실 예수나 무함만[마호멧]은 사람을 많이 죽인 원인의 제공자로 마귀의 화신이라 보아야 하므로 **마탄절**魔誕節이라 해야 한다.

> **믿어서 천당 가서 영생하겠다고 발버둥치는 것이 바로 지옥 가는 지름길이고, 삿된 견해의 사견**邪見**이 바로 지옥의 직행길이다.**

※부처님은 왜! 다라니多羅尼, 진언眞言을 하지 말라고 하셨을까?

부처님의 말씀인 법문은 확실하고 명확하고 정확하고 합리적이고 쉽게 알아들을 수 있는 것이기 때문에 비밀스럽거나 **알아듣지 못하는 다라니라는 진언이** 필요 없다. 다라니를 진언眞言이라고 미화하여 묘사하고 있다.

<법은 세존에 의해서 잘 설해졌고, 스스로 보아 알 수 있고, 시간이 걸리지 않고 와서 보라는 것이고 향상으로 인도하고 지자들이 각자 알아야 하는 것이다.> 이 말씀은 빠알리 대장경 <니까야>에 나오는 경經들의 **정형구**整形句이다.

부처님이 외도들이나 제자들에게 법을 설하실 때 하시는 자신만만한 확실한 진리의 말씀을 강조하는 뜻으로 직접 와서 보고 확인하고 직접 체험하라는 말씀이다. 부처님 말씀은 비밀스럽거나 알아듣지 못하는 이상한 어려운 말로 법을 설하시지도 않았고 설하실 필요도 없기 때문에 **직접 와서 보고 쉽게** 들으라는 것이다. 그런데 무슨 비밀스런 **진언이나 다라니가** 필요하겠는가!

❁ 진언眞言. 다라니多羅尼가 만들어진 유래 ❁

숫타니파타 .작은 법문의 품 〈전재성박사역〉

바라문의 삶에 대한 경.[Brahmanadhammikasutta]**21-26**

---중략---21. 소들의 무리에 둘러싸이고 아름다운 미녀들이 뒤따르는 인간의 막대한 부를 누리고 싶은 열망에 바라문들은 사로잡히고 말았습니다.

22. 그래서 그들은 베다의 **진언**眞言을 편찬하고, 저 욱까까 왕에게 가서 말 했습니다. "당신은 재산도 곡식도 풍성합니다. 제사를 지내

십시오, 당신은 재보가 많습니다. 제사를 지내십시오, 당신은 재물이 많습니다.
23. 그래서 수레 위의 정복자인 왕은 바라문들의 권유로 말의 희생제, 인간의 희생제, 핀을 던지는 제사, 쏘마를 마시는 제사, 아무에게나 공양하는 제사, 이러한 제사를 지내고 바라문들에게 재물을 주었습니다.
-- 중략--26. 이렇게 그들은 **재물을 축적하는데 재미를 붙이게** 되었고, 욕망에 깊이 빠져들자, 그들의 갈애渴愛는 더욱 더 늘어만 갔습니다. 그래서 베다의 **진언**眞言을 편찬하여 다시 옥까까 왕을 찾아 갔습니다. --28. 그래서 수레 위의 정복자인 왕은 바라문들의 권유로 수백 수천 마리의 소를 제물로 잡게 되었습니다.
(☸ **불교인은 진언이라는 다라니를 절대해서는 안 된다.**)

아마간다의 경 [Amagandhasutta]<숫타니파타: 전재성 역>
3. 하느님의 친척인 그대는 새의 고기를 훌륭히 요리해서 함께 쌀밥을 즐기면서도 '나는 비린 것을 허락하지 않는다고 합니다.' 오, 깟싸빠여, 그 뜻을 그대에게 묻건대, '그대가 말한 비린 것이란 어떤 것입니까?'
4.[깟싸빠 부처님] '살생하고, 학대하고, 자르고, 묶는 일, 도둑질, 거짓말, 사기와 속이는 일, 가치 없는 공부, 남의 아내를 가까이 하는 일, 이것이야 말로 비린 것이지 육식肉食이 비린 것이 아닙니다.
5. 이 세상 사람들은 감각적 쾌락을 자제하지 않고 맛있는 것을 탐하고 부정한 것과 어울리며 허무하다는 견해를 갖고, 바르지 못하고 교화하기 어려우면 이것이야 말로 비린 것이지 육식이 비린 것이 아닙니다.

-------- 중 략 --------

11. 생선이나 고기를 먹지 않는 것이나, 단식하는 것이나, 벌거벗거나 삭발하거나, 상투를 틀거나, 먼지를 뒤집어쓰거나, 거친 사슴 가죽옷을 걸치는 것도, 불의 신을 섬기는 것도, 또는 불사不死를 얻기 위해 행하는 많은 종류의 고행, **진언眞言을 외우거나**, 헌공하거나 제사를 지내는 것이나, [희생제犧牲祭] 계절에 따라 수련하는 것도 모두 **의혹을 여의지 못한 자를 청정하게** 할 수는 없습니다.

☞ 위의 말씀대로 별의 별 방법으로 단식하고 고행하고 희생제를 지내고 **진언을** 외우고, 특별한 수련을 해도 그 사람을 모든 의혹에서 청정하게 할 수 없다고 분명히 말씀하셨다. 뜻도 모르는 **진언은 별무신통한** 것이다. 진언이나 다라니에 신통한 것이 있다면, 그 신통이라는 것은 뜻도 모르고 알아듣지 못하는 그 멍청한 그 자체가 신통할 뿐이다.

숫타니파타 보배의 경. [Ratanasutta.] 〈전재성박사역〉

1. [세존] "여기 모여든 모든 존재들 대지에 있는 것이건 공중에 있는 것이건 그 모든 존재들은 행복하리라. 그리고 마음을 가다듬고 이제 말씀을 들으시오.
2. 모든 존재들은 귀를 기울이시고 밤낮으로 제물을 바치는 인간의 자손들에게 부디 자비를 베푸시어 방일하지 말고 그들을 수호하도록 하리라.
3. 이 세상과 내세의 어떤 재물이라도 천상의 뛰어난 보배라 할지라도 여래에 견줄만한 것은 없다. 부처님 안에 야말로 이 훌륭한 보배가 있으니 이러한 진실로 인해서 모두 행복하리라.

-------- 중 략 --------

10 통찰을 성취함과 동시에, 존재의 무리가 실체라는 견해 매사의

의심, 규범과 금계에 대한 집착의 어떠한 것이라도 그 세 가지의 상태는 즉시 소멸되고, **네 가지의 악한 운명을 벗어나고** 또한 ☀**여섯 가지 큰 죄악을** 저지르지 않습니다. 참모임안에야 말로 이 훌륭한 보배가 있으니 이러한 진실로 인해서 모두 행복하리라.

-------- 중 략 --------

15. 신들과 인간들에게 섬김을 받는 이렇게 오신님, 부처님께 예경하오니, 여기에 모인 존재들이여, 땅에 있는 존재이건 공중에 있는 존재이건, 모두 행복하리라.
16. 신들과 인간에게 섬김을 받는 이렇게 오신님, 가르침께 예경하오니, 여기에 모인 존재들이여, 땅에 있는 존재이건 공중에 있는 존재이건, 모두 행복하리라.
17. 신들과 인간들에게 섬김을 받는 이렇게 오신님, 참모임께 예경하오니, 여기에 모인 존재들이여, 땅에 있는 존재이건 공중에 있는 존재이건, 모두 행복하리라. <보배의 경이 끝났다.>

☀ **여섯 가지 큰 죄악을 저지르는 것.**

① 어머니를 살해하고
② 아버지를 살해하고
③ 아라한을 살해하고
④ 부처님의 몸에 피를 내고
⑤ 승단의 화합을 깨뜨리는 것 [불교를 비방 훼손하는 것]
다섯 가지 무간지옥에 태어 날 업보와
⑥ **이교異教의 교리를 추종하는 것.** 을 말한다.

-- **숫타니파타**(전재성박사 역) -- **보배의 경**[Ratanasutta] 10번 주석서에서--

⑥ **이교異教의 교리**를 추종하는 것은 힌두교 시바신의 찬양문인 온갖 진언[주술]을 하는 것이다. 또한 기독교나 기타 종교의 교리를 인정하는 것이다, **이교도**異教徒의 교리를 추종하는 것은 사견邪見으로 정견正

見을 못하기 때문에 **지옥에 가는** 것이다.

❁ 부처님께서 <다라니多羅尼라는 진언의 주문呪文을 외우지 말라.>고 하셨다. ❁

※ 비밀 경. Paticchanna-sutta.(A.3:129) [대림스님역]

1. 비구들이여, 세 가지는 비밀리에 행한다. 드러내지 않는다. 무엇이 셋인가?

비구들이여, 여인은 비밀리에 행한다. 드러내지 않는다. 비구들이여, 바라문들의 **주문**[呪文**만뜨라. 다라니 진언**]은 비밀리 행한다. 드러내지 않는다. 비구들이여, 삿된 견해는 비밀리에 행한다. 드러내지 않는다. 비구들이여, 이러한 세 가지는 비밀리에 행한다. 드러내지 않는다."

2. 비구들이여, 세 가지는 사방으로 드러내 비춘다. 숨기지 않는다. 무엇이 셋인가?

비구들이여, 둥근 달은 드러내어 비춘다. 숨기지 않는다. 둥근 태양은 드러내어 비춘다. 숨기지 않는다. 비구들이여, 여래가 설한 법과 율은 드러내어 비춘다. 숨기지 않는다. 비구들이여, 이러한 세 가지는 사방으로 드러내어 비춘다. 숨기지 않는다."

※ 은폐 경.Paticchanna-sutta. (A.3:129) [전 재성 박사 역]

1. [세존] "수행승들이여, 이와 같은 세 가지는 은폐되어 있지, 개방되어 있지 않다. 세 가지란 무엇인가? 여인은 은폐되어 있지, 개방되어 있지 않다. 바라문의 **주문**[呪文**만뜨라. 다라니 진언**]은 은폐되어 있지, 개방되어 있지 않다. 잘못된 견해는 은폐되어 있지, 개방되어 있지 않다. 수행승들이여, 이와 같은 세 가지는 은폐되어있지 개방되어 있지 않다.

2. 수행승들이여, 이와 같은 세 가지는 개방되어 있지, 은폐되지 않는다. 세 가지란 무엇인가? 월륜[달]은 개방되어 있지, 은폐되어 있지 않다. 일륜[태양]은 개방되어있지 은폐되어있지 않다. 여래가 설한 가르침과 계율은 개방되어 있지, 은폐되어 있지 않다. 수행승들이여, 이와 같은 세 가지는 개방되어있지 은폐되어있지 않다."

※ 증일아함경 제12권 22. 삼공양품.[4]

『이와 같이 들었다.

어느 때 부처님께서 사위국 기수급고독원에 계셨다.

그때 세존께서 모든 비구들에게 말씀하셨다.

"세 가지 일이 있는데, 덮어두면 미묘한데 드러내면 미묘하지 않다. 어떤 것이 그 세 가지 일인가? 첫째는 여인이니 덮어두면 미묘하지만 드러내면 미묘하지 않다. 둘째는 바라문의 **주술**呪術**만뜨라. 다라니 진언**]이니 덮어두면 미묘하지만 드러내면 미묘하지 않다. 셋째는 삿된 소견으로 짓는 업業이니 덮어두면 미묘하지만 드러내면 미묘하지 않다. 비구들이여, 이것을 일러 세 가지 일이 있는데 덮어두면 미묘하지만 드러내면 미묘하지 않다고 하는 것이다.

또 세 가지 일이 있는데, 드러나면 미묘하지만 덮어두면 미묘하지 않다. 어떤 것이 세 가지 일인가?

첫째는 해와 달이니 드러나면 미묘한데 덮어두면 미묘하지 않다. 나머지는 여래의 법과 말씀이니, 드러나면 미묘하지만 덮어두면 미묘하지 않다. 비구들아, 이것이 드러나면 미묘하지만 덮어두면 미묘하지 않다고 한 세 가지 일이니라."

그때 세존께서 곧 이런 게송을 말씀하셨다.

"여자와 **주술**呪術:**진언**)

삿된 소견으로 짓는 **착하지 못한 행**行

세상의 이 세 가지 법은
덮어 숨기면 가장 묘한 것이다.

널리 비추는 저 해와 달과
그리고 여래의 바른 법과 말씀.
세상의 이 세 가지 법은
드러내야 가장 묘한 것이다."

"그러므로 모든 비구들아, 너희들은 마땅히 여래의 법을 밝게 드러내고 덮어버리지 않게 해야 한다. 모든 비구들아 마땅히 이와 같이 배워야 한다." 그때 비구들은 부처님의 말씀을 듣고 기뻐하며 받들어 행하였다.』

> ☞ 아함경과 부처님의 원음原音인 '니까야'에 부처님께서 분명하게 금기한 주술呪術적인 **진언**眞言이나 만뜨라 라는 **다라니**를 외우는 것은 **삿된 소견으로 착하지 못한 행이라고** 분명히 말씀하셨다. 온갖 다라니를 진언(眞言: 진실한 말)이라는 말로 미화美化하여 주술을 외워대는 것이 한국불교의 현주소이다.
>
> 한국불교는 온갖 **주술**呪術적인 **진언**眞言으로 부처님의 참된 진리가 가려지고 있다. 삿된 소견의 착하지 못한 행은 결국 **나쁜 행위로 지옥으로 가는 것이다.** 잘못된 기도를 피눈물 나게 열심히 해서 지옥에 가면 되겠는가? 어리석음이란 이렇게 무서운 것이다.

☞ 정말 기도 좀 하고 책도 좀 보았다는 한심스러운 박사博士스님이 있다. 진언眞言을 외우지 말라는 이야기는 바라문들에게 하는 이야기고, 부처님의 진언은 따로 있다는 것이다. 그래서 진언眞言인 다라니를 해도 된다는 무지하고 고집스러운 스님이다.

부처님이 무엇이 답답하여 비밀스럽게 법문을 하시였겠는가? 진언이나 다라니라는 것은 불교나 바라문이나 힌두교가 같은 것이다. 부처님가르침의 법에는 비밀스러운 가르침이라는 진언眞言도 없지만, 불교진언이 따로 있고 힌두교 진언이 따로 있는 것이 아니다. 불교에 진언이라는 다라니多羅尼가 무엇 때문에 필요하겠는가?

불교진언은 괜찮고 힌두교진언은 안 된다는 논조論調는 내가 피우는 바람은 로맨스고 남이 피우는 바람은 불륜이라거나, 내가 저지르는 부정축재는 저축한 것이고, 남이 저지르는 부정축재는 도적놈이라고 하는 식과 같은 것이다. 진언과 다라니는 필요 없는 것이다.

식자識者의 사견邪見이런 정말 무서운 것이다. 사견邪見은 맹신보다 더 무서운 아집我執이다. 사견이나 무지는 정견正見이나 깨달음과는 정반대이기 때문에 바로 악도인 지옥에 떨어지는 것이다.

❁ 천수경千手經의 <신묘장구대다라니> 한글 번역

자비로우신 푸른 목의 관자재님을 예찬하는 진언

01, 삼보[**브라흐마 신, 비슈누 신, 시바 신**]께 귀의하나이다.

02, 성스러운 관자재님께, 보살님께, 큰 보살님께, 대자대비하신 분께 귀의하나이다.

03, 옴! 일체의 위난으로부터 구제해 주시는 분께, 그 분께 귀의하나이다.

04, 이에, 성 관자재[**시바 신**]이시여, 당신의 (중생구제의 위업을 행하신) 청경을[푸른 목] 우러르나이다.

<산스크리트어 영문>

① Namo ratna-trayāya / ② namaḥāryāvalokiteśvarāya bodhisattvāya mahāsattvāya mahākāruṇikāya, /

③ Oṁ sarva-bhayeṣu trāṇa-karāya tasmai namas /

④ kṛtvā imamāryāvalokiteśvara-stavaṁ Nīlakaṇṭha-nāma

<산스크리트어 음사>

① 나모 라트나-트라야야 ② 나마 아르야바로키테스바라야 보디삿트바야 마하삿트바야 마하카루니카야
③ 옴 사르바-바예수 트라나-카라야 타스마이 나마스
④ 크르트바 이맘 아르야바로키테스바라-스타밤 니라칸타-나마

<우리말 대다라니>

① 나모라 다나다라 야야 ② 나막알약 바로기제 새바라야 모지사다바야 마하 사다바야 마하가로 니가야
③ 옴 살바 바예수 다라나 가라야 다사명 나막
④ 까리 다바 이맘알야 바로기제 새바라 다바 니라간타 나막

05, (성 관자재님을 예찬하여) 이 다라니를 염송하옵니다.

06, (이 다라니는) 일체의 소망을 성취케 하고, 복을 받게 하며, 무적이며, 일체 중생이 윤회하는 삼유三有의 길을 청정케 하는 것이옵니다.

07, 이 진언은 이러하오니: 옴! 빛이여! 빛과 같은 지혜여! 세속을 초월하신 분이시여! 오소서, 하리[**비슈누 신**]이시여!

08, 대보살님이시여! 이 진언을 기억해 주소서, 기억해 주소서!

09, (중생구제의 위업을) 행하소서, 행하소서! (그 위업을) 이루소서! 이루소서!

10, 수호하소서! 수호하소서! 승리자시여, 위대한 승리자[**인드라 신**]시여!

11, 지지支持하소서, 지지하소서, 대지를 받치고 있는 신[**비슈누**]이시여!

12, 움직이소서! 움직이소서! 번뇌를 여읜 청정한 님이시여! 청정한 해탈로 이끄소서!

13, 바라옵나니. 어서 오소서! 세상을 다스리는 분이시여!
14, 탐욕의 독을 소멸케 하옵소서!
15, 노여움의 독을 소멸케 하옵소서!
16, 어리석음의 독을 소멸케 하옵소서!
17, 번뇌를 없애주소서! 배꼽에서 연꽃이 피어나는 연화성존 하리 [**비슈누 신**]이시여! 연화성존(하리; **비슈누 신**)의 배꼽에서 피어난 연꽃 속에서 탄생하는 **브라흐마 신**.
18, 감로의 법을 주소서! 지혜의 빛이 모든 곳에 이르게 하소서!
19, 깨달은 분이시여, 깨달은 분이시여, 깨닫게 하소서, 깨닫게 하소서!
20, 자비심 깊은 청경성존青頸聖尊 : **시바 신**)이시여! 애욕(의 공허한 본질)을 성찰하시고 크게 기뻐하시는 분에게 공경을! 성취케 하소서!
21, 성취하신 분께 비나이다! 크게 성취하신 분께 비나이다! 요가를 성취하신 자재자[**시바 신**]께 비나이다! 청경성존青頸聖尊 : **시바 신**)이시여, 성취케 하소서!
22, **산돼지 얼굴, 사자 얼굴로** 현신하시는 분[**비슈누 신**]께 경배 하옵니다, 성취케 하소서!
23, 손에 연꽃을 드신 분[**비슈누 신**]께 경배하옵니다. 성취케 하소서!
24, (무기로) 원반을 드신 분[**비슈누 신**]께 경배하옵니다. 성취케 하소서!
25, 소라나팔 소리로 깨우쳐 주시는 분께 경배하옵니다. 성취케 하소서!
26, **큰 곤봉을 지닌 분**[**비슈누 신**]께 경배하옵니다. 성취케 하소서!
27, 왼쪽 어깨에 **흑사슴 가죽을** 걸치신 분[**시바 신**]께 경배하옵니다. 성취케 하소서!

28, **호랑이 가죽** 옷을 두른 분[**시바 신**]께 경배하옵니다. 성취케 하소서!

29, 삼보[**브라흐마 신, 비슈누 신, 시바 신**]께 귀의하여 받드나이다.

30, 거룩하신 관자재[**시바 신과 비슈누 신**]님께 귀의하나이다.

옴! 이 모든 신묘한 주문이 원만히 이루어지게 하소서! 이루어 주시옵소서! [이 번역은 민희식 박사의 <천수경>다라니 번역이다]

※ 빠알리 대장경전인 <니까야>를 세계최초 완전 복원 번역하였다는 전재성 박사의 **<천수다라니와 붓다의 가르침>**. 세계적인 종교학자 민희식 박사의 **<천수경>**, 동국대 교수 정각[문상련 박사]스님의 **<천수경 연구>**에 '신묘장구대다라니' 번역서엔 분명히 위의 내용과 같이 인도 힌두교의 삼신인 브라흐마 신과 비슈누 신과 시바 신인 삼신三神의 찬양문讚揚文으로 되어 있다.

<요가의 성취자 청경성존 **시바 신**이 왼쪽 어깨에 **사슴 가죽을 걸치고 호랑이 가죽을 깔고 앉아** 요가를 수행하고 있다. 요가의 자세는 연화좌(결가부좌)이다.>

※ 살생을 금기하고 자비로운 보살이라면 뭐가 아쉬워 호랑이 가죽을 깔고 요가를 하겠는가? 잘못 알고 잘못된 줄 알면 빨리 고치면 된다. 알고도 고치지 않는다면 사마邪魔 외도外道 만도 못한 것으로 기독교 맹신과 무엇이 다를까? 부처님이 중생을 가르치는데 무엇이 답답하여 비밀한 말로 가르치겠는가?

※ 민희식 박사의 **<천수경>** <도서출판 블루리본> P 6쪽 ④ 천수경의 역사에 보면

「**관음보살**은 **실존인물이** 아니며, **관음보살이** 상주한다는 **보타낙가산** 역시 **상상의 지명이다.**」

「원래 관음보살은 페르시아의 **조로아스터교**(Zoruastrinism)의 물의 **여신**女神 **아나히타**(Anahita)에서 기원하였다. 풍요의 여신 아나히타는 6세기 경 인도를 거치면서 브라만교(Brahmanism :바라문婆羅門教의 영향으로 7관음으로 발전하였고, 그 후 동아시아로 퍼지면서 토착신앙과 결합하여 33관음이 형성되었다.」

자세한 사항은 민희식 박사의 **<천수경>**을 일독하기 바란다.

※ 관자재觀自在는 시바(Siva)신과 비슈누(Vishnu)신에 대한 예경禮敬의 뜻을 담은 호칭으로 아왈로끼테슈와라(Avalokitesvara)로 한역어漢譯語는 자재자自在子 또는 관자재觀自在로서 세상을 굽어 살피시며 스스로 계시는 절대자 즉 **'하느님'** 이라는 뜻이다. 그러니 뜻도 모르는 다라니를 읽고 외우는 것은 기독교인이 뜻을 알며 주기도문을 외우는 것만도 못하다.

※ 우리나라 불교는 엄밀히 말하면 겉만 불교로 포장된 힌두교이다. 대승大乘의 교리는 힌두교의 교리를 그대로 담고 있다고 보아야 한다. 이제 불교인이 천수경을 외우고 대다라니를 외우는 것을 부끄

럽게 생각해야 한다. 더욱 혹평酷評을 한다면 다라니를 외우는 것은 지옥에 갈 일이다. 왜냐하면 불교에서는 정견正見을 못하고 사견邪見을 하면 지옥에 가는 것이기 때문이다.

<비슈누 신이 4가지 상징물인 연꽃, 원반, 소라나팔, 곤봉을 들고 있다.>

1. 닐라칸타(nilakantha) : 푸른 목의 신 = **시바 신**
2. 싯다 유예새바라(siddha-yogesvara) : 요가를 성취하신 분 = **시바 신**
3. 가릿나 이나(krsna-ajina) : 흑사슴 가죽을 걸치신 분 = **시바 신**
4. 호랑이가죽 옷을 두른 분 = **시바 신**
5. 바나마하따(padmahasta) : 손에 연꽃을 든 분 = **비슈누 신**
6. 자가라 욕다(cakra-yudha) : 원반을 드신 분 = **비슈누 신**
7. 상카삽다네 모다나(Sankha-sabda nibodhana): 소라나팔소리로 깨우쳐주시는 분 = **비슈누 신**
8. 마하라 구타 다라(maha-lakuta-dhara): 큰 곤봉을 든 분 = **비슈누 신**

『신묘장구대다라니 어구 어디에도 관세음보살에 대한 언급은 없다! 언급이 있다 해도 **관세음보살은 실존인물이** 아니고 가상인물이라고 분명히 밝히고 있다.

신묘장구대다라니는 힌두교의 시바신과 비슈누 신에 대한 예찬이다! 브라흐마 신, 비슈누 신, 시바 신은 **힌두교**의 **하느님**이다. 창조신神 보존 신神 파괴 신神으로 삼신일체三神一體로 천주교의 성부 성자 성신의 삼위일체三位一體사상과 비슷한 것이며, 불교의 법신 보신 화신의 삼신三身과 비슷한 것이다.

인도의 **힌두교**의 **하느님인** <브라흐마 신> <비슈누 신> <시바 신>은 부처님이 출현함으로서 부처님께 귀의하여 **호법**護法신으로 **하느님**으로서 일래자로서 보살菩薩의 명호로 관세음보살은 불교를 옹호하는 **하느님**으로 신앙의 대상이 된 것이다.

기복을 누리기를 원하는 사람은 **관음기도**도 때에 따라서 대웅전大雄殿이 아닌 관음전觀音殿에서는 무방하다. **관음보살하느님**이니까. 마치 산신기도나 용왕기도를 하듯이 신중神衆의 일부로 보면 된다.

신묘장구대다라니, 그 뜻을 알고서는 석가모니 부처님 전에서 독송해서는 안 될 내용이다! 힌두교의 '시바'와 '비슈누'를 찬탄하는 다라니를 부처님 전각인 대웅전에서 독송할 내용이 아니다.

이에 대한 근거로서 천수다라니를 중국에 소개한 삼장법사의 대당서역기大唐西域記의 예를 들고 있다. 대당서역기에 관자재보살이 머문다는 남인도의 보타낙가산에 대한 다음과 같은 내용이 있다고 한다.

『말라구타국秣羅矩吒國의 남쪽 끝에 말자야산秣剌耶山이 있다.…<중략>… 말자야山 동쪽에 보달낙가산布呾落迦山 : 보타낙가산)이 있다. 산길은 위험하고 암곡은 험준하다. 산정山頂에 연못이 있으며.… <중략>… 연못 옆에는 돌로 된 천궁天宮이 있다. 관자재보살觀自在菩薩이 왕

래하며 머무는 곳이다. 보살을 보고자 하는 사람은 신명身命을 돌보지 않고 강물을 건너 산에 오른다. … <중략> … 그런데 산 밑의 주민으로서 모습을 보고자 기도드리면 관자재보살觀自在菩薩은 때로는 자재천自在天의 모습으로, 때로는 도회외도塗灰外道의 모습으로 되어 기원하는 사람을 위로하면서 원願을 성취시켜 주기도 한다.』 (삼장법사, 대당서역기)

한국불교는 이름만 불교이지 실제적으로는 힌두교 의식을 부처님 전에서 그대로 하고 있는 것이나 다름없다. 뜻도 모르고 알아듣지도 못하는 **<시바 신>** 찬양문인 **다라니**를 **진언**眞言이라고 부처님 앞에서 해야 되겠는가? 법당 안에서 기독교 주기도문을 외우는 것과 무엇이 다를까?

부처님 법당 안에서 기독교 주기도문을 불철주야 외워대면 그 사람은 진리를 깨달을까? 천당에 갈까? 지옥에 갈까? 답은 여러분이 하기 바란다. 너무 광적이면 신접神接이나 접신接神되지 않겠는가? 절대 다라니라는 주술呪術을 하면 안 된다.

진언眞言이라는 뜻도 모르는 온갖 **주술**呪術의 **주문**呪文을 이제는 그만 해야 한다. 진언이라는 주술은 무속행위나 별 다름없으며 인간을 무지無智하게 만드는 것이다. 진언이라는 주술을 알고 보면 하나도 신비할 것이 없다.

부처님이 그렇게 하지 말라는 주술을 하는 이유는 무엇인가? 진언이라는 뜻도 모르는 주술이 들어가 있는 것은 모두 위경僞經이라고 보면 된다.

참회진언懺悔眞言 <옴 살바못자 모지 사다야 사바하>를 10만 번 아니 100만 번 한다고 참회가 되겠는가? 차라리 오계五戒인 <살생하지 않겠습니다. · 도적 · 사음 · 거짓말 · 술 마시지 않겠습니다.>를 10만萬

번은 고사하고, 단 4~5번 한다면 어느 것이 더 뇌리腦裏에 깊이 새겨져 참회가 잘 되겠는가.

파지옥진언 破地獄眞言 <옴 가라지야 사바하>를 1000만 번 한다고 지옥이 없어지거나 파괴 되겠는가? 차라리 <탐욕의 소멸, 성냄의 소멸, 어리석음의 소멸>이라고 단 10이라도 마음에 깊이 새기면 지옥의 고통에서 쉽게 벗어나지 않겠는가.

헌향진언 獻香眞言 <옴 바아라 도비야 훔> 한다고 향내가 나겠는가? 차라리 부처님에 대한 굳건한 믿음으로 <믿음의 향기. 보시의 향기. 지계의 향기, 인욕의 향기, 수행정진의 향기, 선정의 향기, 지혜의 향기>라고 하는 것이 더욱 향내가 나지 않겠는가.

해원결진언 解怨結眞言 <옴 삼다락 가닥 사바하>한다고 원결이 풀리겠는가? 베푸는 행위가 원결을 풀고, 양보하는 마음이 원결을 풀고. 자애하는 마음이 원결을 풀고, 측은한 마음이 원결을 풉니다. 라고 실천하는 것이 좋지 않겠는가.

광명진언 光明眞言 <옴 아모카 바이로차나 마하무드라 마니파드마 즈바라 프라 바를타야 훔>을 어느 여고생이 밤새 외우고 지옥이 눈만 감으면 밤낮보이는 악몽에 시달려 정신병원으로 전전하다 캐나다로 전 가족이 이민移民가서 결국 천주교로 개종한 사건도 있었다.

물론 개중에는 다라니나 진언을 외워서 효험을 보았다든지 마음에 안정을 찾았다든지, 자기의 잣대로 나름대로의 깨달음이나 어떤 영감이나 직감으로 어떤 이상한 체험을 했다는 것을 부인하지는 않겠다. 이런 것들의 유사한 체험은 불교인 보다는 모든 미신적 종교, 특히 기독교인에게 더욱 많아 방언方言을 하고 간증을 하던지 광적인 선교를 하고 있는 것이다.

아무튼 알아듣지 못하는 진언이라는 주술은 삿된 것이라고 부처님께서 분명히 말씀하셨으니 절대로 하면 안 된다.

80세의 어느 늙은 여신도가 찾아왔다. 이 여신도는 신묘장구 대다라니를 매일 108독씩 40년을 주력했고, 지장경을 매일 1독씩 읽었는데도 집안의 우환이 끝이지 않는다고 하소연해왔다. 불교의 뜻도 모르겠고 어디 가서 부처님에 대한 설명도 제대로 못한다는 것이다.

이 늙은 여신도는 현명한가? 이 신도의 조상은 어찌 되었을까?

지장경은 읽으면 읽을수록 조상이 천도되는 것이 아니라, 읽는 본인도 어리석어지고 조상도 우매해진다. 지장기도를 많이 한 스님이나 신도의 얼굴을 자세히 살펴보아라. 신들린 사람들이 많다. 관찰이 필요하다.

지장기도를 많이 하는 사람들을 보면 대개가 얼굴이 깨끗하지 못하고 맑지 못하다. 연기에 그을린 것같이 검무때때하며 근심에 쌓인 사람과 같이 맑지 못하다. 주위 사람을 잘 살펴보기 바란다. 항상 관찰하고 살펴보는 습관을 가져야 한다. 수행을 잘하면 얼굴과 몸에서 빛이 난다. 설사 생로병사의 원리에 의하여 주름지고 늙더라도 곱게 늙는다.

사찰순례에 다녀온 어느 여신도가 찾아왔다. 명부전冥府殿에 참배한 후 머리가 아프다는 것이다. 명부전은 각종 영가와 지장地藏보살을 모셔 놓은 전각이다. 영가가 붙어왔다. 간단하게 조치하여 머리의 통증은 사라졌지만 지장기도는 장애가 많다.

관음보살하느님, 대세지보살하느님, 문수보살하느님, 보현보살하느님, 등의 **보살하느님**들은 지구상에서 역사적 인간의 몸으로는 가상이지만, 천상계에서는 **실존하는 실재의** 막강한 **천신**들로 **하느님**이다. 그러나 지장보살은 천상의 영계에서도 지상에서도 존재하지 않는 허구의 가상 인물이다.

그렇다고 천도의식을 하지 말라는 이야기는 아니다. 지장보살은 허구이니 아예 찾지 말고, **석가모니불**이나 다른 **보살하느님**을 찾으면 된다. 기도 중에 가장 좋은 기도는 **부처님께** 드리는 **조상기도**이다. 살아가는 중생에게는 부모父母님만한 보호자가 있겠는가? 부처님께서 「부모님은 최초의 하느님이며, 최초의 스승이다.」 라고 말씀하셨다. 그래서 **천도의식은** 반드시 **필요한 것이다.**

어려우면 부모를 찾아라. 살아있을 때도 죽었을 때도 부모님만한 보호자가 있겠는가. 돌아가신 부모님이 잘되는 방법은 천도의식을 통한 **부처님 가르침과 부처님 광명**과의 조우遭遇이다.

※ 선禪 과 최상의 지혜경. Jhanabhinna-sutta(S16:9)

부처님 자신이 깟사빠 존자와 동일하다고 인정함

1. <사왓티의 아나타삔디까(급고독원)에서>

2. ----

3. "비구들이여, 나는 원하는 만큼 감각적 욕망들을 완전히 떨쳐버리고 해로운 법들을 떨쳐버린 뒤, 일으킨 생각과 지속적인 고찰이 있고, 떨쳐버렸음에서 생긴 희열과 행복이 있는 초선初禪에 들어 머문다."

"비구들이여, 깟사빠도 원하는 만큼 ---초선初禪에 들어 머문다."

4. "비구들이여, 나는 원하는 만큼 일으킨 생각 지속적인 고찰을 가라앉혔기 때문에 자기 내면의 것이고, 확신이 있으며, 마음의 단일화 상태이고, 일으킨 생각과 지속적인 고찰은 없고, 삼매에서 생긴 희열과 행복이 있는 제2선禪에 들어 머문다."

"비구들이여, 깟사빠도 원하는 만큼 ---제2선禪에 들어 머문다."

5. "비구들이여, 나는 원하는 만큼 희열이 빛바랬기 때문에 평온하게 머물고, 마음 챙기고 알아차리며 몸으로 행복을 경험한다. 이 [禪 때문에] '평온하고 마음 챙기며 행복하게 머문다.' 고 성자들이 묘사

하는 제3선禪에 들어 머문다."

"비구들이여, 깟사빠도 원하는 만큼----제3선禪에 들어 머문다."

6. "비구들이여, 나는 원하는 만큼 행복도 버리고 괴로움도 버리고, 아울러 그 이전에 이미 기쁨과 슬픔이 소멸되었으므로 괴롭지도 즐겁지도 않으며, 평온으로 인해 마음새김이 청정한[사념청정捨念淸淨] 제4선禪에 들어 머문다."

"비구들이여, 깟사빠도 원하는 만큼----제4선禪에 들어 머문다."

7. "비구들이여, 나는 원하는 만큼 물질에 대한 인식(산냐)을 완전히 초월하고, 부딪힘의 인식을 소멸하고, 갖가지 인식을 마음에 잡도리하지 않기 때문에 '무한한 허공' 이라고 하면서 공무변처空無邊處를 구족하여 머문다."

"비구들이여, 깟사빠도 원하는 만큼----공무변처空無邊處를 구족하여 머문다."

8. "비구들이여, 나는 원하는 만큼 공무변처를 완전히 초월하여 '무한한 알음알이[식識]' 라고 하면서 식무변처識無邊處를 구족하여 머문다."

"비구들이여, 깟사빠도 원하는 만큼----식무변처識無邊處를 구족하여 머문다."

9. "비구들이여, 나는 원하는 만큼 식무변처를 완전히 초월하여 '아무것도 없다.' 라고 하면서 무소유처無所有處를 구족하여 머문다."

"비구들이여, 깟사빠도 원하는 만큼 --- 무소유처無所有處를 구족하여 머문다."

10. "비구들이여, 나는 원하는 만큼 무소유처無所有處를 완전히 초월하여 비상비비상처非想非非想處를 구족하여 머문다."

"비구들이여, 깟사빠도 원하는 만큼 --- 비상비비상처非想非非想處를 구족하여 머문다."

11. "비구들이여, 나는 원하는 만큼 일체 비상비비상처非想非非想處

를 완전히 초월하여 상수멸想受滅,:인식과 느낌의 그침)에 들어 머문다."

"비구들이여, 깟사빠도 원하는 만큼 ---- 상수멸想受滅:(인식과 느낌의 그침)에 들어 머문다."

12. "비구들이여, 나는 원하는 만큼 신통변화를 나툰다. 하나인체 여럿이 되기도 하고 여럿이 되었다가 하나가 되기도 한다. 나타났다 사라졌다 하고 벽이나 담이나 산을 아무런 장애 없이 통과하기를 마치 허공에서처럼 한다.

땅에서 떠올랐다 잠겼다 하기를 물속에서처럼 한다. 물 위에서 빠지지 않고 걸어가기를 땅 위에서처럼 한다. 가부좌한 채 허공을 날아가기를 날개 달린 새처럼 한다. 저 막강하고 위력적인 태양과 달을 손으로 만져 쓰다듬기도 하며 심지어는 저 멀리 **하느님의 세계에 이르기까지 육신으로 영향력을 미친다.**[신족통神足通]"

"비구들이여, 깟사빠도 ----저 멀리 **하느님의 세계에 이르기까지 육신으로 영향력을 미친다.**[신족통神足通]"

13. "비구들이여, 나는 인간의 능력을 넘어선 청정하고 신성한 귀의 요소[천이계天耳界]로 천상이나 인간의 소리 둘 다를 멀든 가깝든 간에 원하는 만큼 다 듣는다.[천이통天耳通]"

"비구들이여, 깟사빠도---원하는 만큼 다 듣는다.[천이통天耳通]"

14. "비구들이여, 나는 원하는 만큼 자기의 마음으로 다른 중생들과 다른 인간들의 마음을 꿰뚫어 안다. 탐욕이 있는 마음은 탐욕이 있는 마음이라고 꿰뚫어 알고 탐욕을 여윈 마음은 탐욕을 여윈 마음이라고 꿰뚫어 안다.

성냄이 있는 마음은 성냄이 있는 마음이라고 꿰뚫어 알고 성냄을 여윈 마음은 성냄을 여윈 마음이라고 꿰뚫어 안다. 어리석음이 있는 마음은 어리석음이 있는 마음이라고 꿰뚫어 알고 어리석음을 여윈 마음은 어리석음을 여윈 마음이라고 꿰뚫어 안다.

수축한 마음은 수축한 마음이라고 꿰뚫어 알고 흩어진 마음은 흩어진 마음이라고 꿰뚫어 안다. 고귀한 마음은 고귀한 마음이라고 꿰뚫어 알고, 고귀하지 않은 마음은 고귀하지 않은 마음이라고 꿰뚫어 안다.

위가 있는 마음은 위가 있는 마음이라고 꿰뚫어 알고 위가 없는 마음은 위가 없는 마음이라고 꿰뚫어 안다. 삼매에 든 마음은 삼매에 든 마음이라고 꿰뚫어 알고 삼매에 들지 않은 마음은 삼매에 들지 않은 마음이라고 꿰뚫어 안다.

해탈한 마음은 해탈한 마음이라고 꿰뚫어 알고 해탈하지 않은 마음은 해탈하지 않은 마음이라고 꿰뚫어 안다.[타심통他心通]"

"비구들이여, 깟사빠도 원하는 만큼 ----해탈하지 않은 마음이라고 꿰뚫어 안다.[타심통他心通]"

15. "비구들이여, 나는 원하는 만큼 수많은 전생의 갖가지 삶들을 기억한다. 즉 한생, 두 생, 세 생, 네 생, 다섯 생, 열 생, 스무 생, 서른 생, 마흔 생, 쉰 생, 백 생, 천 생, 만 생, 세계가 수축하는 여러 겁, 세계기 팽창하는 여러 겁, 세계가 수축하고 팽창하는 여러 겁을 안다. '어느 곳에서 이런 이름을 가졌고, 이런 종족이었고, 이런 용모를 가졌고, 이런 음식을 먹었고, 이런 행복과 고통을 경험했고, 이런 수명의 한계를 가졌고, 그곳에서 죽어 다른 어떤 곳에 다시 태어나고 그곳에서 이런 이름을 가졌고, 이런 종족이었고, 이런 용모를 가졌고, 이런 음식을 먹었고, 이런 행복과 고통을 경험했고, 이런 수명의 한계를 가졌고, 그곳에서 죽어 여기 다시 태어났다.' 라고 이처럼 한량없는 전생의 갖가지 모습들을 그 특색과 더불어 상세하게 기억해낸다.[숙명통宿命通]"

"비구들이여, 깟사빠도 원하는 만큼 ----더불어 상세하게 기억해낸다.[숙명통宿命通]"

16. "비구들이여, 나는 원하는 만큼 청정하고 인간의 한계를 넘어선 신성한 눈[천안天眼]으로 중생들이 죽고 태어나고, 천박하고 고상

하고, 잘생기고 못생기고, 좋은 곳에 가고 나쁜 곳에 가는 것을 보고, 중생들이 지은 바 그 업에 따라가는 것을 꿰뚫어 안다. '이들은 몸으로 못된 짓을 골고루 하고, 입으로 못된 짓을 골고루 하고, 또 마음으로 못된 짓을 골고루 하고, 성자들을 비방하고, 삿된 견해를 지니어 사견업邪見業을 지었다.

이들은 죽어서 몸이 무너진 다음에 처참한 곳, 불행한 곳, 파멸처, 지옥에 태어난다. 그러나 이들은 몸으로 좋은 일을 골고루 하고 입으로 좋은 일을 골고루 하고 마음으로 좋은 일을 골고루 하고 성자들을 비방하지 않고 바른 견해를 지니고 정견업正見業을 지었다. 이들은 죽어서 몸이 무너진 다음에는 좋은 곳, 천상세계에 태어났다.' 라고 이와 같이 나는 청정하고 인간을 넘어선 신성한 눈으로 중생들이 죽고 태어나고, 천박하고 고상하고, 잘생기고 못생기고, 좋은 곳에 가고 나쁜 곳에 가는 것을 보고, 중생들이 지은 바 그 업에 따라가는 것을 꿰뚫어 안다. [천안통天眼通]

비구들이여, 깟사빠도 원하는 만큼 ---그 업에 따라가는 것을 꿰뚫어 안다. [천안통天眼通]

17. "비구들이여, 나는 원하는 만큼 모든 번뇌가 다하여 아무 번뇌가 없는 마음[心解脫]과 통찰지를 해탈[慧解脫]을 바로 지금 여기에서 스스로 지혜로 실현하고 구족하여 머문다. [누진통漏盡通]

비구들이여, 깟사빠도 원하는 만큼 ---스스로 지혜로 실현하고 구족하여 머문다. [누진통漏盡通]"

> 아상我相 인상人相 중생상衆生相 수자상壽者相 아견我見 인견人見 중생견衆生見 수자견壽者見을 버리라는 말씀은 결국 간단히 쉽게 말하면 아집我執인 고정관념의 훈습熏習을 버리라는 것이다.
> 업業이 행위이고 행위는 습관인 세뇌된 **훈습**에서 나온다.

☸ 아라한은 누구인가?

위에서 부처님께서 직접 말씀하셨듯이 부처님의 제자인 **깟사빠**도 **아라한**의 한분으로 완전한 깨달음과 육신통六神通을 부처님과 똑같이 성취한 분이라고 분명히 말씀하셨다. 모든 **아라한**들은 깨달음의 성취와 욕계 색계 무색계인 삼계를 완전히 초월하여 더 이상 윤회하지 않는 완전한 대 자유인으로서 완전한 **대성인**大聖人들이다. 이분들은 역사적으로 실제로 존재했던 **실존인물**들이다.

부처님께서 「니까야」에서 <내가 만약 **정거천**淨居天에 있었으면 이 세상에 오지 않았다.>라고 누누이 말씀하셨다. 정거천淨居天은 색계 5천天을 말하는 것으로 사선정四禪定에 의해서 가는 곳이다. 사선정四禪定은 **불환과**不還果 즉 **불래자**不來者를 이룬 사람으로 다시는 지상에 오지 않고 천상에서 **아라한과**阿羅漢果를 증득하기 위한, 즉 아나함과阿那含果를 이룬 사람들의 정신이 머무는 즉 하느님들이 머무는 곳이다. 색계천 이상에 머무는 신들을 한문으로 범천梵天이라 하는데 이들을 곧 **하느님**이라 한다.

하느님들을 뛰어 넘은 분들, 즉 아나함과를 마치고, 욕계 색계 무색계의 삼계三界를 뛰어넘어 삼계를 초월한 분들이 **아라한**이다. 무수히 많은 부처님의 직제자들 중에 깨달은 모든 분들이 **아라한**이 되었다.

☞ **오비구의 이름과 행적은 다음과 같다.** 아함경의 내용과 니까야의 내용을 참조 한 것이다. (최초의 아라한들 = 진정한 성인聖人들)

① 꼰단냐(Kondana, 교진여憍陳如 아약구린阿若拘隣은 팔리어 안냐꼰단냐(Annā−kondanna)의 음역이다. 안냐꼰단냐를 아약교진여阿若憍陳如 혹은 지자 교진여智者憍陳如라고도 번역한다. 안냐(annā)는 '깨달은 자' 라는 뜻이다. 부처님을 제외한 **최초의 아라한**이다.

② 마하나마(Mahānāma, 마하나마摩訶那摩, 마하남摩訶男, 최초 다섯 비구 중 한 명으로 **아라한**이다. 빨리 신통을 이루어 중간에 후회가 없는 이는 바로 마하남摩訶男비구요,

③ 밧빠(Vappa.바파婆破, 파습파婆濕婆. 파파婆破는 팔리어 밧빠(Vappa)의 음역이다. 최초 다섯 비구 중 한 명이다. 허공을 타고 다니면서 교화하되 영화를 바라는 마음이 없는 이는 바로 파파婆破비구이니라. **아라한**이다.

④ 밧디야(Bhaddhiya, 발제가跋提伽, 파제婆提 등으로 음역. 항상 허공을 날아다니면서 발로 땅을 밟지 않는 이는 바로 선주善肘비구이다. 선주는 음역이다. **아라한**이다.

⑤ 앗사지(Assaji,아설시阿說示,마승馬勝. 얼굴이 단정하고 걸음이 조용한 이는 바로 마사馬師비구다. 앗사지 존자는 오비구 가운데 맨 마지막으로 언급된 분이며, 오비구 가운데 맨 마지막으로 예류자가 되었다고 한다. 그리고 오비구와 함께 「무아특징경」(무아상경無我相經)을 듣고 **아라한**이 되었다. 사리뿟따 존자가 진리를 찾아다니던 끝에 라자가하에서 걸식하는 앗사지 존자의 엄정한 품행을 보고 그가 공양을 마칠 때를 기다려 앗사지 존자에게 그의 스승과 가르침에 대해서 질문하자 그는 다음의 유명한 게송으로 대답했다.

"원인으로부터 생긴 법들
그들의 원인을 여래는 말씀하셨고
그들의 소멸도 말씀하셨나니
대사문은 이렇게 설하시는 분입니다.
제법종연기 諸法從緣起 여래설시인 如來說是因
피법인연진 彼法因緣盡 시대사문설 是大沙門說

사리뿟따 존자는 첫 번째 두 줄의 게송을 듣고 예류과를 얻었다고 한다. 그 후로 항상 앗사지 존자에게 큰 경의를 표했다고 한다.

※ 깨닫기 전의 경.(A.3:101)

※ 이전의 탐구 경. Pubbepariyesana-sutta.(A.3:101)

1. "비구들이여, 내가 깨닫기 전, **아직 바른 깨달음을 성취하지 못한 보살**이었을 때 이런 생각이 들었다. '무엇이 세상의 달콤함이고 무엇이 위험이며 무엇이 벗어남인가?' 라고 비구들이여, 그러자 나에게 이런 생각이 들었다. '세상을 조건하여 일어나는 육체적 정신적 즐거움이 세상의 달콤함이다. 세상에서 무상하고 괴롭고 변하기 마련인 법이 세상의 위험이다. 세상에 대한 탐욕을 몰아내고 탐욕을 버리는 것이 세상에서 벗어남이다.' 라고."

※ 꿈 경. Supina-sutta.(A.5:196)

1. "비구들이여, 여래·아라한·정등각이 깨닫기 전, **아직 바른 깨달음을 성취하지 못한 보살**이었을 때, 다섯 가지 큰 꿈을 꾸었다. 무엇이 다섯인가?"

2. "비구들이여, 여래·아라한·정등각이 깨닫기 전, **아직 바른 깨달음을 성취하지 못한 보살**이었을 때, 꿈에서 이 대지는 큰 침상이었고, 산의 왕 히말라야는 베게였으며, 동쪽 바다에는 왼 손을 놓았고, 서쪽 바다에는 오른 손을 놓았고 남쪽 바다에는 두 발을 놓는 것을 보았다. 비구들이여, 이것이 여래·아라한·정등각이 깨닫기 전, **아직 바른 깨달음을 성취하지 못한 보살**이었을 때, 꾸었던 첫 번째 큰 꿈이다."

3. "다시 비구들이여, 여래·아라한·정등각이 깨닫기 전, **아직 바른 깨달음을 성취하지 못한 보살**이었을 때, 꿈에서 띠리야 풀이 배꼽에서 자라서 구름에 닿은 뒤에 멈추는 것을 보았다. … 이것이 두 번째 꿈이다."

4. "다시 비구들이여, 여래·아라한·정등각이 깨닫기 전, **아직 바른**

깨달음을 성취하지 못한 보살이었을 때, 꿈에서 검은 머리를 가진 흰 벌레가 두 발에서 위로 기어올라 양 무릎을 덮는 것을 보았다.… 이것이 세 번째 꿈이다.

5. "다시 비구들이여, 여래·아라한·정등각이 깨닫기 전, **아직 바른 깨달음을 성취하지 못한 보살**이었을 때, 꿈에서 각기 다른 색깔의 새 네 마리가 사방에서 와서 발아래 떨어지더니 모두 흰 색으로 변하는 것을 보았다. … 이것이 네 번째 꿈이다.

6. "다시 비구들이여, 여래·아라한·정등각이 깨닫기 전, **아직 바른 깨달음을 성취하지 못한 보살**이었을 때, 꿈에서 분뇨로 된 큰 산위에서 경행을 하였는데, 분뇨에 묻지 않은 꿈을 꾸었다. 비구들이여, 이것이 여래·아라한·정등각이 깨닫기 전, **아직 바른 깨달음을 성취하지 못한 보살**이었을 때, 꾸었던 다섯 번째 큰 꿈이다."

❁ 보살은 누구인가?

보살은 부처님 당시부터 지금까지 지구상에 역사적으로 실존했던 실제로 존재한 인물은 **단 한명도 없다**. 관세음보살, 문수보살, 보현보살, 지장보살, 대세지보살, 약사보살 등등 모든 보살은 지구상에 역사적으로 인간의 몸으로 **실재**實在**했던 실존인물이** 아니라 **가상적인**물이다.

가상이란 진짜인가? 가짜인가? 독자들이 판단하기 바란다.

보살은 일래자一來者 즉 사다함斯多含과를 이룬 사람들의 정신이 머무는 곳이다. 즉 욕계의 네 번째 하늘인 도솔천兜率天과 색계의 13개 하늘에 머무는 천신天神들이다. **부처님도 일래자**一來者 즉 **사다함**斯多含으로서 **도솔천에** 머물었던 **천신**天神인 **하느님**으로서 지구상에 내려와 아라한과를 증득한 아라한 중의 한분으로 부처님이 되셨다. 그래서 교진여 등 5비구가 아라한이 되었을 때 부처님까지 합쳐 지구상에

최초로 **6명의 아라한**이 있다고 한 것이다.

그래서 부처님은 위의 경經에서 말씀하시길<**아직 바른 깨달음을 성취하지 못한 보살**이었을 때,>라고 한 것은 아라한이 되지 못했을 때를 말씀하신 것이다.

보살은 인간의 몸으로는 실재하지 않는 가상적인물이지만, **천상계**에서 **신**神으로서 **실재**하는 **실존**의 막강한 힘을 가진 **천신**天神들로 **하느님**으로서 위력을 지닌 천상계의 **실재적 존재**로서 **하느님**들이다. 힌두교의 최고의 신神인 시바 신神 뿐만 아니라 모든 신이 부처님의 출현으로 부처님께 귀의하며, 불교에 수용되어 **대자재천**大自在天이란 이름의 호법신護法神으로 보살로 격하되었다. **보살**은 **하느님**이니 기복적 기도의 대상이 될 수도 있으나 불교궁극의 목적은 아니다.

☞ 여래·**아라한**·정등각은 부처님의 정형구이다.

그 외에 Sakyamuni gotama경(S12:10)와 Assada경(S22 : 26)에도 보살(bodhisatta)은 항상 **깨닫기 전**의 부처님들께 적용되는 술어로 나타난다. 부처님도 최후에 깨달아서 **아라한이** 되었고. **아라한**은 완전한 깨달음을 성취한 **대성인**大聖人이다. 대승에서 아라한을 소승이라 격하格下하며 성문聲聞이라고 하는 것은 이치에 맞지 않다. 부처님은 지구상에서 오시기 전에 지구상에 실존했던 보살이 아니라, 도솔천에서 실존했던 일래자一來者로서의 보살이며 **하느님**이었다.

색계色界 18천중 정거천淨居天은 색계 5천을 말하는 것으로 사선정四禪定에 의해서 가는 곳이다. 5천은 ①색구경천色究境天 ②선견천善見天 ③선현천善現天 ④무열천無熱天 ⑤무번천無煩天으로 이것을 정거천淨居天이라 한다. 불환자不還者 또는 불래자不來者인 아나함과阿那含果를 마친 분들이 가는 곳이 정거천淨居天이다.

부처님은 경에서 누누이 말씀하셨다. 내가 만약 정거천淨居天에 있었으면 지상에 내려오지 않았다. 이 말씀은 불환자不還者 불래자不來者 즉 돌아오지 않는 자이기 때문에 천상에서 그대로 아라한인 성불成佛을 한다는 뜻이다.

그 이하 색계 13개의 하늘은 삼선三禪에 의해서 가는 곳으로 일래자一來者인 사다함斯多含들이 머무는 곳이다. 욕계欲界 육천六天은 믿음 보시 지계 행을 닦은 예류자豫流者인 수다원須陀洹들이 가는 곳이며 도솔천은 일래자一來者 즉 보살들이 머무는 곳이다. 수다원인 예류자는 세속적 성인聖人들이다

보살은 색계 13천의 천신으로 하느님이며 막강한 힘과 서원을 갖고 있다. 보살은 아라한이 되기 전의 두 단계 밑의 일래자一來者 즉 사다함斯多含을 성취한 천신天神들로서 하느님이며 우리에게 많은 기복적 영향을 주는 **실존의 하느님으로** 보아야 한다. 관세음보살하느님, 대세지보살하느님 문수보살하느님. 보현보살하느님 들이다.

삼매 관법觀法에 드는 여러 사람들의 공통된 경험적 내용이다. 관세음보살이나 문수보살 보현보살 등 여러 보살님들이 부처님과 함께 어마어마한 광명光明으로 나투시는 것을 보면 지상에서는 실존이 아니었지만 천상에서는 신神으로서 **하느님**으로 실존하는 **보살하느님**이다. 보살은 실재하는 하느님으로 관음보살하느님, 문수보살하느님 보현보살하느님이라 불러야 하므로. 기복祈福적 기도는 가능하다.

☀ 불교佛敎란 무엇인가? ☀

불교란 부처님의 가르침이다. 무엇이 부처님의 가르침인가? 처음과 중간과 마지막까지 일관되게 거듭거듭 중복되게 가르친 부처님이 가장 강조한 말씀이 부처님의 핵심적 가르침이다.

처음의 말씀은 즉 교진여憍陳如라는 안냐꼰단냐(Annā-kondanna) 등 5비구에게 가르친 것과 중간의 많은 제자들에게 가르친 것과 맨 마지막 열반 직전 120살의 **수발다**에게 가르친 말씀이다.

그것은 삼법인三法印 사성제四聖諦 팔정도八正道이다.

삼법인이란! 법인法印은 진리의 인감印鑑도장이다. 그 누구도 위조할 수 없고, 만들어 낼 수 없는 국가의 권위와 정통성을 상징하는 국새國璽요, 왕의 옥새玉璽와 같은 것이며, 개인의 재산을 보호하는 인감印鑑과 같은 것이다. 온 우주 모든 만물에 통용되는 진리이다.

삼법인은 ① 무상無常 ② 고苦 ③ 무아無我이다.

① 모든 지어진 것은 영원하지 않다. 제행무상諸行無常
② 무상한 모든 것은 괴로움이다. 일체개고一切皆苦
③ 모든 법에 '나'라는 실체가 없다. 제법무아諸法無我

네 가지 성스러운 진리, 사성제四聖諦

① 고苦 : 모든 것은 무상하여 영원하지 않으므로 이것이 괴로움이라는 것은 알아야 한다.
② 집集 : 이것이 괴로움의 일어남이다.
③ 멸滅 : 이것이 괴로움의 소멸이다.
④ 도道 : 이것이 괴로움의 소멸로 인도되는 길이다.

여덟 가지 바른 길인 팔정도八正道

① 정견正見 : 바른 견해)
② 정사유正思惟 : 바른 생각)
③ 정어正語 : 바른 말)
④ 정업正業 : 바른 행위)
⑤ 정명正命 : 바른 생계유지)
⑥ 정정진正精進 : 바른 노력)
⑦ 정념正念 : 바른 집중)
⑧ 정정正定 : 바른 삼매)

바르게 보고 알아라. 바르게 사유하라. 바른 말을 하여라. 바른 행위를 하여라. 바른 생활 즉 바른 직업을 가져라. 바른 노력을 하여라. 바르게 마음을 집중하고 새겨라. 바른 삼매에 들어라.

① 정견正見 : 바른 견해)이란 무엇인가?

흔히 사람들은 자기 눈높이의 잣대에 맞추어 자기 생각에 맞는 것이 정견正見으로 착각하고 있다. 그러면서 모두들 정견正見의 뜻도 모르면서 정견을 한다고 떠들고 있다. 무엇을 바르게 보고 바르게 이해한다는 것인가?

부처님께서 말씀하신 정견은 삼법인 즉 모든 것을 무상無常하다고 보는 것. 모든 것은 괴로움 苦이다, 라고 보는 것. 모든 것은 나라는 실체가 없다는 무아無我라고 보는 것과 이것은 괴로움이다. 이것은 괴로움의 일어남이다. 이것이 괴로움의 소멸이다. 이것이 괴로움의 소멸로 이끄는 도 닦음이라고 바르게 보는 것의 사성제四聖諦의 바른 이해가 정견正見이다.

제 눈의, 제 알음알이의, 제 식견에, 제 생각에 맞추어 옳다고 보는 것이 정견이 아니다. 정견의 뜻도 모르며 기독교 천주교 무종교 정치인 등 온갖 으쟁이 뜨쟁이들이 모두 정견을 한다고 떠들고 있다. 그래서 팔정도八正道를 바로 알면 올바른 공부의 시작이 되는 것이다.

② 정사유正思惟 : 바른 생각이라는 것도 이와 같이 삼법인과 사성제를 잘 이해하고 사유하는 것이다.

실존 인물이 아닌 다신多神적 보살의 용어를 불교에서 많이 사용하면 사용할수록 **무속巫俗인**들과 헷갈리는 **무속불교**가 된다. 무당들도 자칭 **천상보살 천왕보살 천신보살 용왕보살** 대왕보살 등등으로 부르며 사용하고 있다. 이는 불교의 무속巫俗화로 지식인들과 사회의 저

명인사들이 불교를 이해 못하고 미신적 저열한 신앙으로 인식하기 쉬운 요건이 된다.

세속적 중생구제 차원에서 굳이 기도할 필요가 있을 때라면, 즉 안택安宅 사업事業 재수財數 학업學業 질병치유 등의 성취기도는 **신중**神衆 기도로 하면 된다.

신중단 상단의 첫 번째가 바로 여래화현如來化現 원만신통圓滿神通 대예적大穢跡 금강성자金剛聖者로서 곧 부처님의 화현이기 때문이다.

☀ 맺는 말 ☀

나는 이 책을 쓰며 많은 고뇌와 번민을 하며 10여년을 망설이었다. 인연의 고리에 얽매인 많은 스님들과의 관계, 자칫 잘못하면 이해의 부족이나 설명의 부족으로 불자들의 신심信心이 오히려 떨어지지나 않을까하는 생각이 지금도 두렵게 하고 있다.

그동안 해왔던 믿음의 훈습薰習이 깨지는 순간 신심信心이 없어지는 것은 아닐까 하는 여러 가지 고뇌가 지금도 과연 이 책을 쓰는 것이 옳은 일인지 그냥 덮어두고 구태의연하게 두루 뭉실 살아가는 것이 어쩌면 신상에 좋을 것이 아닌가 생각도 해보았다.

침체일로에 있는 한국불교가, 다종교 사회에서 이미 기독교 천주교에 앞자리를 내준 한국불교를 더욱 혼선에 빠트리고 침체 시키는 것이 아닌가하는 생각에 정말 두려움이 앞선다. 그러나 수술을 해야만 병이 낫는다면 과감히 칼로 째는 아픔의 통증은 어쩔 수 없다.

전통을 고수하는 지금의 한국불교는 획기적인 개선이나 개혁이 없이는 포교에 많은 어려움이 있다고 생각한다. 그렇다고 전통을 무시하고 의식을 무시하자는 것은 아니다. 그러나 어쩔 수 없이 이미 밝

혀진 사실들을 숨기고 계속 전통만을 고수할 수는 없다.

한국불교의 의식儀式은 100% 관음觀音신앙이었다. 엄밀히 혹평酷評하면 불교의 탈을 쓴 힌두교라고 해도 과언이 아니다.

천수경은 법장을 여는 진언眞言으로 해서 곧바로 『천수천안千手千眼 관세음보살觀世音菩薩 광대원만廣大圓滿 무애대비심無碍大悲心 대다라니大陀羅尼』를 열어 청하는 계청啓請으로 계수관음대비주稽首觀音大悲呪 <관세음보살대비주께 머리 숙여 절하며> 귀의하는 『나무대비관세음南無大悲觀世音 원아속지일체법願我速知一切法』을 시작으로 10가지 발원을 하고 있다.

또한 **반야심경**般若心經으로 모든 행사를 시작도하고 마무리하고 있기 때문이기도 하다. 반야심경은 관자재보살이 사리불 존자에게 공空의 원리를 가르치는 형식으로 되어 있기 때문이다. 가상인물인 관자재보살이 실존인물인 부처님의 직제자 중 상수제자며 지혜제일인 사리불 존자에게 설하는 내용이 반야심경이다.

문수 보현 관음 지장 약사보살 등등은 지구상에 실존했던 실존인물이 아님을 알아야 한다. 가상은 진짜인가 가짜인가?

조상님의 영가靈駕들을 천도遷度한다는 의식의 기도를 **관음시식**觀音施食이라 한다. 그런데 관세음보살을 부르지 않고 지장보살을 부른다. 지장보살을 주기도主祈禱로 할 땐 마땅히 지장보살시식인 지장시식地藏施食이라 해야 할 것이 아닌가?

관세음보살은 어느 시대의 어느 나라 사람이었나? 지장보살 또한 어느 시대 어느 나라 사람이었나? 천수경의 <신묘장구 대다라니>는 인도 힌두교의 **하느님**[브라흐마 신, 비쉬누 신, 시바 신]에 대하여 귀의하고 발원하는 예찬禮讚문이라는 것이 적나나赤裸裸하게 밝혀지고 밝혀졌다.

지금의 시대는 **5분이면 전 세계에 새로운 뉴스와** 정보를 공유하고 있기 때문에 숨기고 속이고 은폐한다고 감춰지는 시대는 아니다. 잘 못된 것은 될수록 빨리 버리고 과감하게 바로 잡아 수정하여 고치고 실천해야 한다.

옛날에 진짜 확철대오確徹大悟한 고승들이 계셨다하더라도 불경佛經의 모든 경전에 대하여 검증할 방법이나 능력이 있을 수 없다. 산스크리스트어나 빠알리어. 남방의 근본불교인 니까야가 전해지지 않았기 때문에, 오르지 중국中國에서 들어온 한문 경전에 의존하여 부처님 말씀이라고 하니 의심한다는 것은 감히 마음을 낼 수 없는 일이기 때문이다.

그러니 의심의 여지를 갖지 못하고 100% 믿고 읽고 독송했기 때문에 보살이 실존인물인지 가상인물인지 **알 필요도 없었고**, 검증이나 검열은 상상도 못할 일이며, **검증할 필요를 전혀 느끼지도 않았을** 것이고, 매우 불손不遜하고 불순不順 불경不敬 한 일이라 생각 했을 것이다.

그러나 지금은 **알려고** 하지 않아도 **저절로 알아지고**, 보지 않으려고 해도 **저절로 보여 진다**. 주위에서 보여주고 들려주기 때문에 보기 싫어도 보게 되고, 듣기 싫어도 듣게 된다. 그러니 잘못된 것은 빨리 고치고 옳은 것은 빨리 받아들이는 것이 가르침의 지름길로 가는 상책이다.

남방의 근본불교를 모른다. 우리는 이제 부처님의 참다운 법음法音을 들어야 할 때이다. 천수경을 대치하여 기도할 수 있는 책을 만들 필요성을 느껴 감히 외람되이 석가모니부처님의 일대기를 독송讀誦할 수 있는 찬탄문을 지어 부처님에 대한 신심信心을 고취 시키고자

한 것이다.

어쨌거나 이제는 알만치 알았으니 진정한 불자라면, 천수경의 신묘장구대다라니는 인도의 브라만교: 바라문교의 신인 브라흐마 신, 비슈누 신 ,시바 신의 예찬문禮讚文이라는 것이 적나라하게 밝혀졌는데 굳이 독송할 필요가 있겠는가?

그동안 믿어온 관습에 의하여 영험담靈驗談이나 기적 또는 효험담効驗談을 이야기하며 실존이니 어쩌니 떠들면 정말 멍청한 사람이다. 모든 신앙과 종교의 맹신盲信이 바로 기적이나 영험 효험을 이야기하는데서 문제가 생기는 것이다.

영험이나 효험이란 지극한 정성에서 생기는 것이지, 어떤 진언이나 신통묘용에서 생기는 것이 아니다. 지극한 정상에서 나오는 효험이란 어떤 신앙이나 미신에서도 생기는 것이다.

그래서 그것이 진정한 깨달음의 길로 안내하는 것은 아니다. 효험이나 영험을 이야기하는 사람은 공부와 거리가 멀다. 효험이나 영험을 이야기하는 사람은 불교와 거리가 멀고 불교의 공부는 아예 아닌 것이다. 그냥 방편일 뿐이다.

몇 10년을 참선했다는 수행자가 몸과 느낌과 마음의 흐름의 이치를 몰라 대답이 궁窮하면 성질을 버럭 내며 '악-' 하고 소리를 꽥 지르는 것이 무슨 깨달음으로 아는 이상한 사람들이 있다.

부처님께서 가르치는 관법觀法에 사념처관四念處觀이 있다. 몸을 따라 관찰하는 신수관身隨觀. 느낌을 따라 관찰하는 수수관受隨觀 마음의 작용을 관찰하는 심수관心隨觀. 이치와 원리를 따라 관찰하는 법수관法隨觀이 있다. 느낌을 따라서 흐름이란, 몸과 느낌 마음작용 이치와 원리를 잘 관찰하면 마음의 눈이 떠진다.

짧은 기간이지만 **<석가모니부처님 찬탄 기도 수행 성취문>**을 읽고 독송하여 부처님의 일대기를 바로 알고 마음의 안정과 믿음의 확신적 효험을 본 사람들도 많이 있다. 이제는 부처님의 일대기를 바로 알고 수지 독송할 때라고 본다.

☀ 생명체의 발생과 살아가는 제일 조건이 무엇일까?

첫째. 원인과 조건이 갖추어지면 생명체는 탄생한다.

둘째. 탄생한 생명체는 자연환경에 적응해야 한다.
적응 못하면 곧바로 죽음과 연결된다.

셋째. 환경의 적응에는 변화인 진화와 퇴화가 일어난다.

☀ 종교의 발생과 살아남는 제일 조건이 무엇일까.

첫째. 인간의 필요에 의해서 생긴 것이니 인간에 적응 한다.

둘째. 인간의 변화된 생활환경에 적응해야 한다.

셋째. 잘 못된 것은 고집부리지 말고 즉시 고쳐야 한다.

넷째. 토•일요법회의 생활화와 변화된 문화에 정착이다.

사찰 입구의 사천왕문(四天王門)을
<네 하느님 문>이라고 사천왕문 현판
아래에 한글로 토를 달아야 한다.
천왕문(天王門)은 현판 아래에 한글로
<하느님 문>이라고 토를 달아야 한다.

삼 귀 의

최 영철 곡

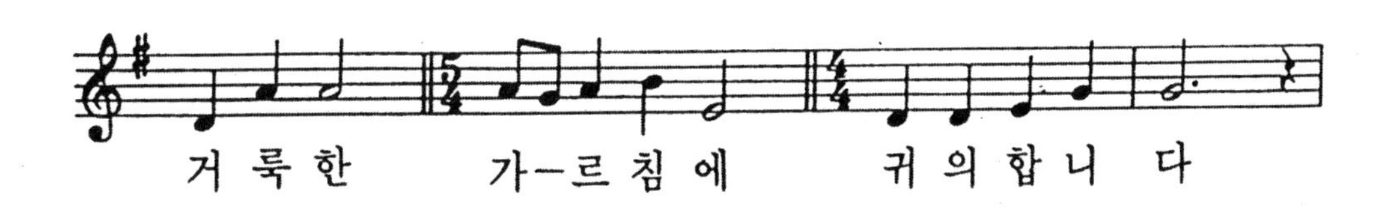

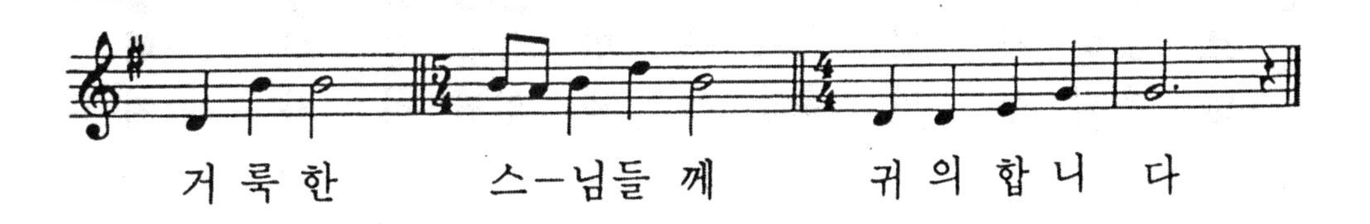

> 부처님께서 사위성 기원정사에 계실 때 한 **천인**天人이 문안드리고 여쭈었다. 부처님께서 말씀하셨다.
>
> 『백 개의 예리한 창끝에 앉고, 머리 위에서 뜨거운 불이 활활 타더라도 오직 깨달음만을 추구하는 수행자라면 부지런히 방편을 구해 지나친 편견을 끊고 **<나>**라는 **독단**을 끊어야 한다.
>
> **잡아함경 제 22-586**

찬양합니다

정 운문 글
조 학유 곡
둥 글 고또 한 밝 은빛 은 우 주를 싸 고 고

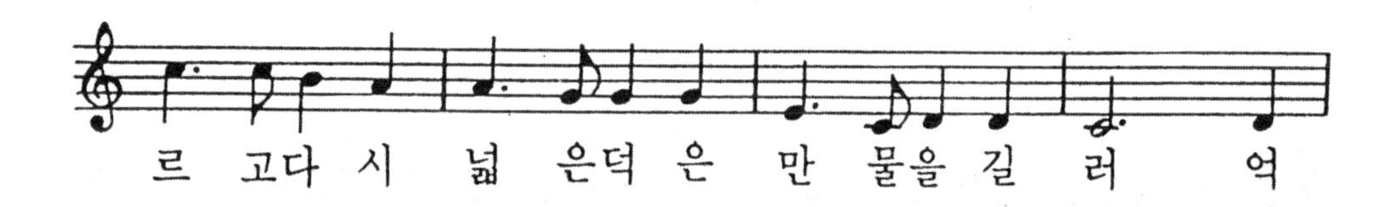
르 고다 시 넓 은덕 은 만 물을 길 러 억

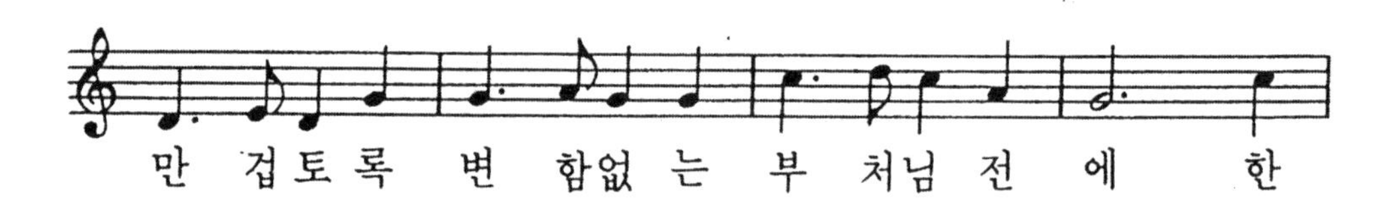
만 겁토 록 변 함없 는 부 처님 전 에 한

마 음함 께 기 우려 서 찬 양합 니 다

청 법 가

이 광수 글
이 찬우 곡

새 법우 환영가

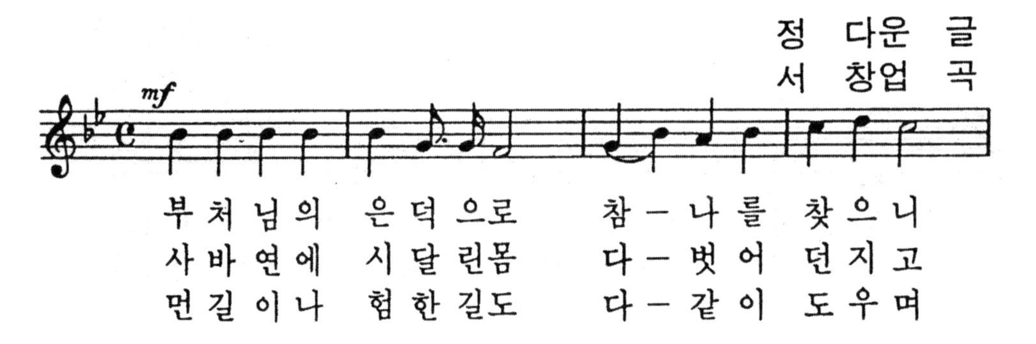

정 다운 글
서 창업 곡
mf
부처님의 은덕으로 참-나를 찾으니
사바연에 시달린몸 다-벗어 던지고
먼길이나 험한길도 다-같이 도우며

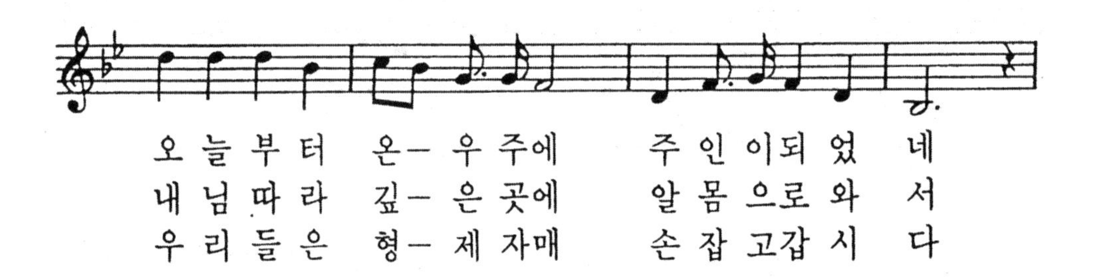

오늘부터 온-우주에 주인이되었 네
내님따라 깊-은곳에 알몸으로와 서
우리들은 형-제자매 손잡고갑시 다

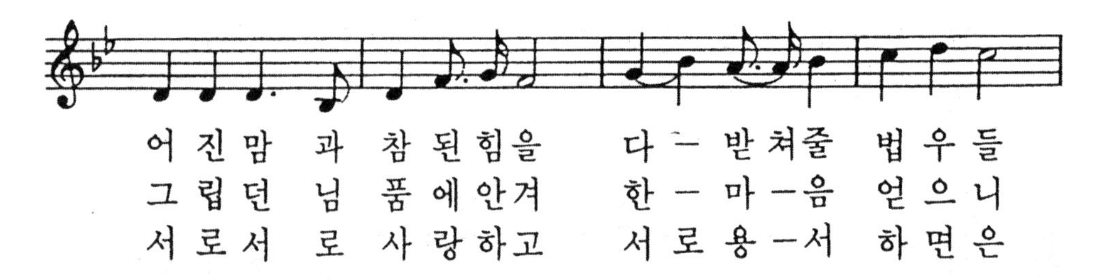

어진맘 과 참된힘을 다-받쳐줄 법우들
그립던 님 품에안겨 한-마-음 얻으니
서로서 로 사랑하고 서로용-서 하면은

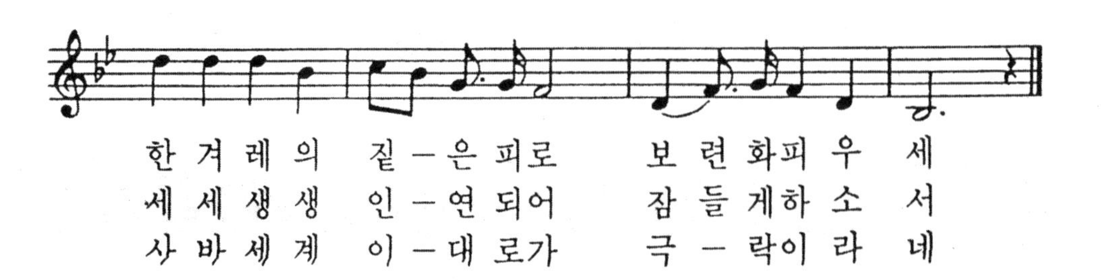

한겨레의 짙-은피로 보련화피우 세
세세생생 인-연되어 잠들게하소 서
사바세계 이-대로가 극-락이라 네

산 회 가

정 운문 글
정 민섭 곡

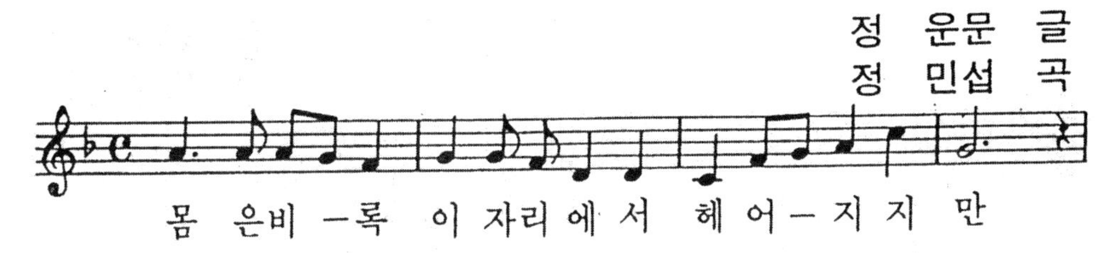

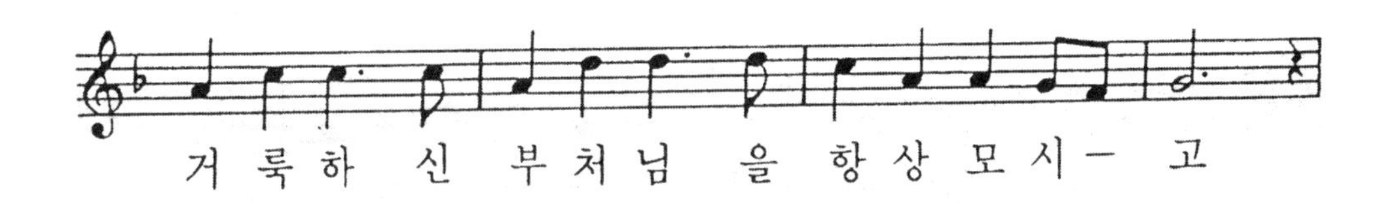

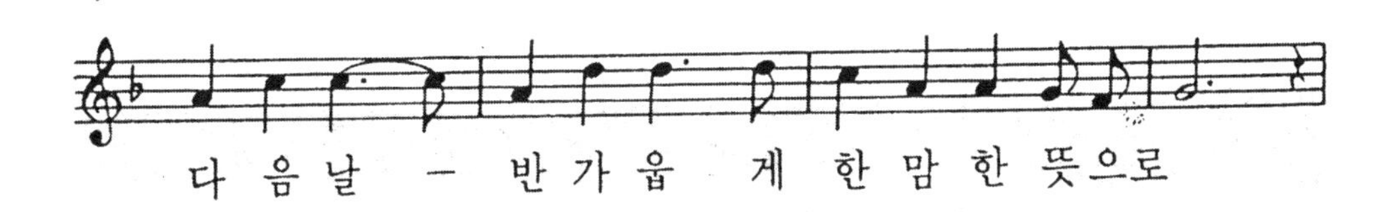

보현행원

정 운문 글
정 민섭 곡
내 이제 두손－모아 청하옵나－ 니
내 이제 엎드－려서 원하옵나－ 니
시방세계 부처－님 우주대－광－ 명
영원토록 열반－에 들지맙－시－ 고
두 눈어 둔 이내몸 굽어살피－ 사
이 세상의 중생을 굽어살피－ 사
위－없는 대법－문을 널리여－소－ 서
삼계화택 심한－고난 구원하－소－ 서
허 공계와 중생－계가 다할지라－ 도
오 늘－세운 이서－원은 끝없아－오－ 리

불교도의 노래

서 정주 글
김 동진 곡
삼 계 의 고 해 에 길 을밝 히 고
인 연 의 쓰 고 도 아 리는 사 슬
사 생 의 세 계 에 새 빛 을 더 할
윤 회 의 고 달 픈 머 나 먼 길 을
용 맹 이 여 오 라 ― 뜨 는 해 처 럼
풀 ― 래 서 진 여 의 꽃 동 산 이 라
겨 레 와 중 생 을 두 루 비 치 라
향 기 여 천 지 에 넘 쳐 나 가 라
우 리는 감 로 로 공 양 하 나 니
우 리 에 게 죽 음 도 이 미 없 도 다

홀로 피는 연꽃

우 성 글
서 창업 곡
mp
맑은바 람 스ㅡ미 는 초여름 연 못 에
해가 지 는 산ㅡ기 슭 고요한 연 못 에
달이 뜨 는 두메 산 골 적막한 연 못 에
모든시 름 잊ㅡ은듯 초연하게 피ㅡ는모 습
임은가 도 홀로남아 청아하게 피ㅡ는모 습
꿈을꾸 듯 물ㅡ에떠 소담하게 피ㅡ는모 습
mf
흘깃보 면 여 민듯이 다시보면 웃는듯 이
눈을뜨 면 선 연하 게 눈감으면 아련하 게
다가올 듯 멀어지고 멀어질듯 다가 오 는
mp
p
연연 히 풍겨 오 는 그윽한 임의향 기
오탁 의 연못 속 에 아름 도 하시어 라
아쉬 운 임의 모 습 내맘에 머물거 라
mf
아ㅡ 아 연 꽃 이 지ㅡ는 구 나
mp
p
아ㅡ 아 연 꽃 이 피 ㅡ는 구 나

부처님 오신날

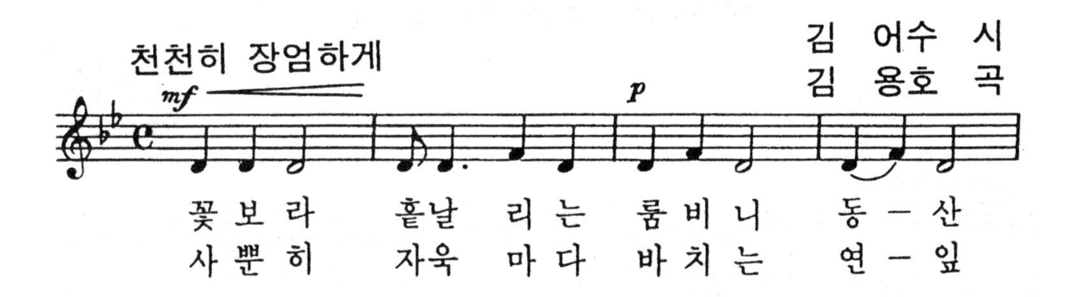

김 어수 시
김 용호 곡
천천히 장엄하게
mf
p
꽃 보 라 흩날 리 는 룸 비 니 동 — 산
사 뿐 히 자욱 마 다 바 치 는 연 — 잎

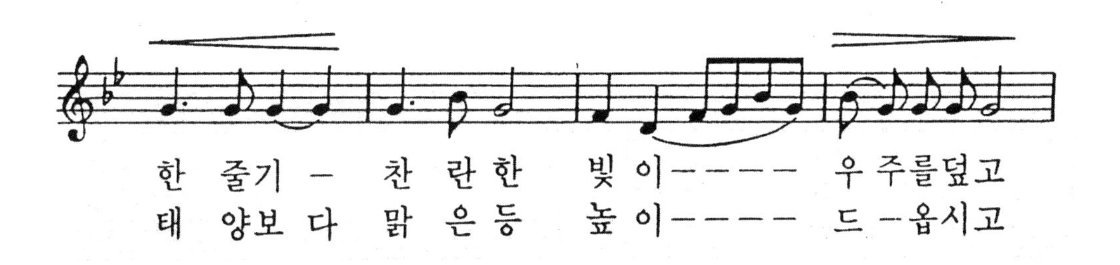

한 줄기 — 찬 란 한 빛 이———— 우 주를덮고
태 양보 다 맑 은 등 높 이———— 드 —옵시고

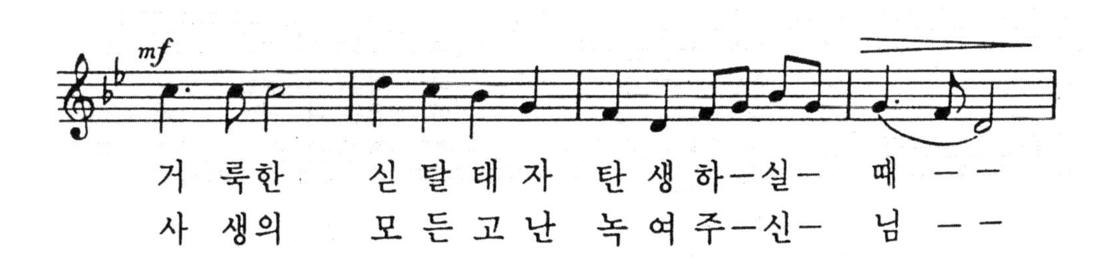

mf
거 룩한 싣 탈 태 자 탄 생 하—실— 때 ——
사 생의 모 든 고 난 녹 여 주—신— 님 ——

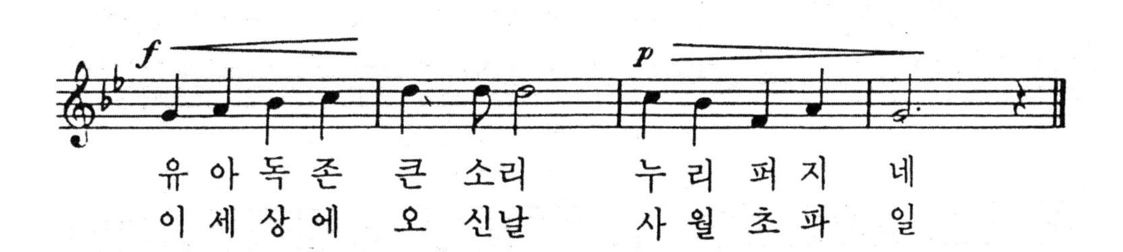

f
p
유 아 독 존 큰 소리 누 리 퍼 지 네
이 세 상 에 오 신날 사 월 초 파 일

우리도 부처님 같이

맹 석분 작사
이 달철 작곡
김 동환 편곡

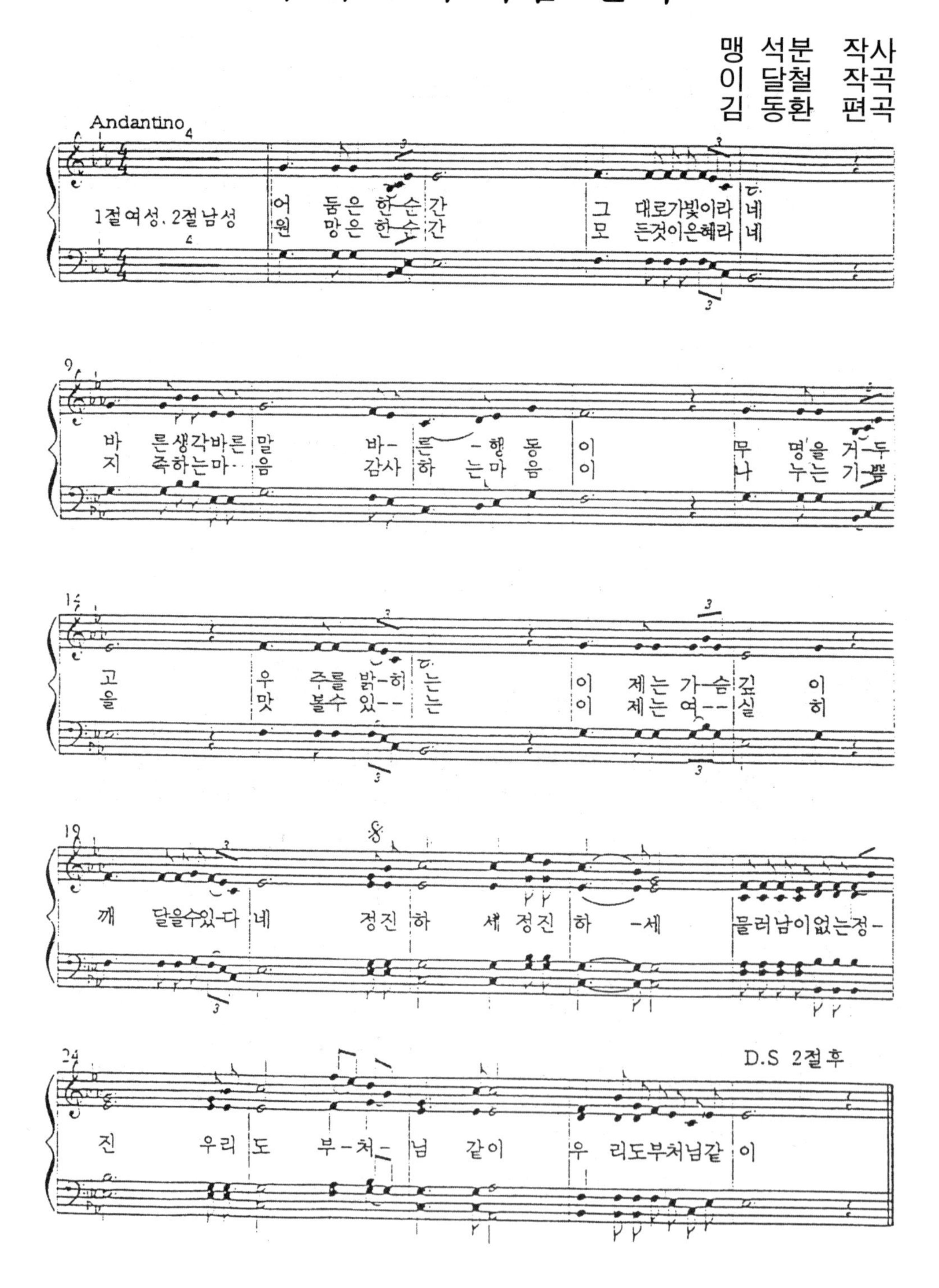

예 불 가

정 민섭 곡
mp
mf
p
f
1.
2.
3
한 줄기 의 향으로써 한 없는 향운계 를 ─지─어 서
삼 보님 께 올리오니 넓 으신 자비로 써 ─받으소
서 일 심 경 례 시방삼 세 에 항상 계 옵신부─처
님 께 두─손 모 아 비옵니 다 일 다 다 함 없는 삼보
님 크─ 나 크신자비로 써 저희 들 의 뜨거 운 기─
원 을 들으소 서 석 가 모니불─ 석 가- -모니 불
석 가 모니불─ 석 가- -모니불 나 무 석가모 니─ 불

부처님 마음 일세

문 수 게 송
길 옥 윤 곡

보통 빠르기로

1. 성 안내 는 그 얼굴이 참 다운공 양 구 요
2. 온 화하 고 둥 근달이 온 세 상비 추 듯 이

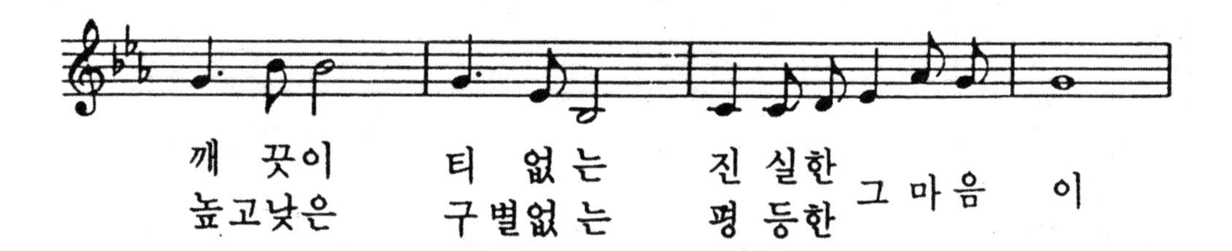

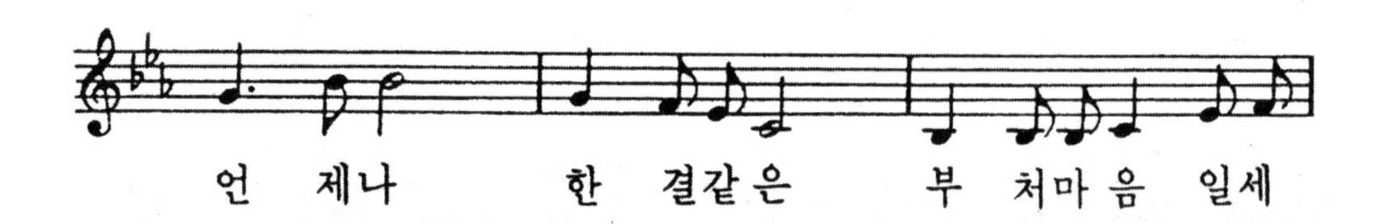

♣ 법회에 참석하여 찬탄 기도 수행을 하면

- 마음이 편안해지고 의식이 바뀝니다.
- 업장이 정화되며 지혜를 얻습니다.
- 가정이 화목해지고 막혔던 일이 잘 풀립니다.
- 자녀의 학습능력이 향상되며 효도합니다.
- 몸이 건강해지고 삶에 활력이 넘칩니다.
- 불교의 참된 진리를 배웁니다.
- 세상을 보는 지혜가 생깁니다.
- 바른 견해가 생깁니다.
- 노인의 중풍과 치매의 예방이 됩니다.
- 사후에 부처님세계로 갑니다.
- 세계평화와 인류의 행복에 기여합니다.

뜨거운 쇳덩이에 손이 대면 깜짝 놀라 즉시 떼듯.
죄를 지으면 벼락 맞은 듯 즉시 참회해야 한다.
입안에 독약을 물고 있으면 곧바로 토해 내듯
잘못된 것은 즉시 버려야 한다.
목마를 때 물을 마시듯 옳은 일은 즉시 실천해야 한다.
길을 잘못 가는 줄 알면 빨리 되돌아가듯,
지금까지 해온 공부가 잘못인 줄 알면 빨리 방법을 고쳐야 한다.
☼ 토요일 일요법회의 생활화로 시대에 적응하고
인류의 행복을 위해 불교의 중흥을 꾀해야 한다.
☀ 필자의 저서. <절 염불 사리> <염불의 위신력>에 <천수경
신묘장구대다라니>를 극찬하며 강의도 했으니 얼마나 어리석었는가?
눈물 흘리며 참회합니다. 참회합니다. 참회합니다.